오키나와
지도

KB004441

하트록 in
고우리섬

추라우미 수족관

기시모토식당

나하야

신잔소바

만자모

해중전망탑 &
글라스보트

오카시고텐
온나점

오크 레스토랑

찰리타코스
본점

블루씰
마키미나토 본점

A&W
마키미나토점

잭스 스테이크 하우스

우리즌

뱅드 카이토
나하 니시마치점

국제 거리

차례

가자,
오키나와로!

行こう、沖縄へ!

지난해, 나는 아내와 함께 오키나와沖縄에 다녀왔다. 결혼 10주년 기념 여행이었다. 애초부터 오키나와에 가려고 마음먹었던 건 아니다. 10년 전 신혼 첫날밤, 우리는 서로에게 약속한 바가 있었다. 결혼 10주년 기념일엔 프랑스 파리의 미슐랭 3스타 레스토랑에서 돔페리뇽으로 건배하며 근사하게 자축해보자는 것. 하지만 삶은 계획한 대로 나아가지만은 않는 법이다. 살다보면 이런저런 예기치 않은 변수가 생기게 마련이고, 계획이 바뀌거나 약속이 깨지는 경우는 비일비재하다. 결혼기념일을 챙기는 것도 그렇다. 같이

사는 동안 프랑스 여행을 두 차례나 다녀와서 그런지(미슐랭 2스타까지는 체험했다) 큰 미련도 없었다. 언젠가부터 아내나 나나 10주년엔 파리에 가야 한다는 얘기는 꺼내지도 않고 있었다.

대신 뭘 할까, 둘이서 고민하다 발견한 게 오키나와행 특가 항공권이었다. 저가항공사가 많아졌다고는 해도 2만 원(편도)밖에 안 했다! 물론 자세히 살펴보니 항공사 운임만 2만 원이었다. 그렇지만 유류할증료며 공항세를 포함해도 왕복 11만 원이 조금 넘는 가격이었다. 두 명이면 총 23만 5,000원. 오래전부터 가보고 싶었지만 거리에 비해 항공권이 다소 비싸 주저했던 오키나와다. 이 정도면 꽤 매력적인 조건이 아닌가. 행여 다른 사람들이 다 채 갈까 싶어 더 고민하지 않고 부랴부랴 결제부터 했다. 특가 항공권이어서 환불 불가 조건이 붙었다. 결제한 순간부터는 돌이킬 수 없다. 우리 부부의 결혼 10주년 기념 오키나와 여행은 그렇게 시작됐다.

'오키나와' 하면 떠오르는 이미지가 있다. 아름다운 에메랄드빛 바다, 잔잔한 파도, 햇살에 하얗게 빛나는 모래사장, 널찍한 잎을 늘어뜨린 채 한가로운 휴양지 분위기를 자아내는 야자수들, 알록달록한 열대어와 산호초가 말끔하게 보이는 바닷속에서의 스쿠버 다이빙…….

하지만 늘 이런 풍경을 볼 수 있는 건 아니다. 동남아처럼 1년

©OCVB

내내 덥고 습한 지역일 것이라는 생각과 달리, 우리가 찾은 연말 즈음에는 오키나와도 제법 쌀쌀해진다. 현지에 가보니 해수욕장은 문을 닫은 뒤였고, 입수를 금지한다는 경고문이 여기저기 세워져 있었다. 12월에도 평균 기온이 18.7℃이기에 영하를 오가는 한국에 비해 엄청 따뜻할 거라고만 기대했지, 물놀이를 즐길 수 없는 계절이라고는 예상치 못했다. 그러니까 항공권에서부터 호텔, 렌터카 요금이 전부 놀랄 만큼 싼 데에는 다 이유가 있었던 것이다. 오키나와 여행 비수기였으니까!

그렇지만 우리가 관심 있었던 건 바다에서 서핑을 하거나 모래사장을 걷는 일이 아니었다. 오키나와는 단순히 '휴양지'로만 받아들이기에는 여러모로 흥미로운 지역이다. 일본에 속해 있으면서도 지도상으로는 타이완에 훨씬 가까운 곳, 이국적인 분위기를 물씬 풍겨 '동양의 하와이'라고도 불리는 곳, 일본에서 유일하게 아열대 기후인 곳, 무엇보다도 파란만장한 역사를 지닌 곳.

학창 시절 한일 대학생 교류 프로그램에 참가해 오키나와 출신 학생을 만난 적이 있다. 덩치가 크고 까무잡잡한 피부에 레게 펌을 해서 유독 튀었던, 이름 대신 '뎃짱'이라는 애칭으로 자주 불리던 친구였다. 하지만 지금까지도 그를 기억하는 건 단지 외모 때문만이 아니다. 양국 대학생들이 만취해 흉금을 터놓던 술자리에서, 그는 돌연 스스로를 일본인이라 생각한 적이 없다고 말해 주위를 놀라게 했다. 뿐만이 아니었다. 뎃짱은 언젠가 오키나와가 한국처럼 일본에서 독립하기를 바란다고도 했다. 아마도 그때였던 듯하다. 오키나와가 어떤 곳인지 궁금해지고 직접 가보고 싶다는 생각이 처음 들었던 건.

어느 나라든, 어느 지역이든, 식문화·식생활은 정치적 맥락의 영향을 많이 받게 마련이다. 정치적 상황에 따라 식재료가, 조리법이, 심지어는 주식이 달라지기도 한다. 오키나와가 바로 그렇다. 중국, 일본, 미국 등 여러 나라에 휘둘리며 다사다난했던 오키나와 역사는 음식에 뚜렷한 흔적을 남겼다. 때문에 오키나와에서는 '일본이지만 일본식은 아닌' 독특한 음식들을 여럿 맛볼 수 있다. 얽히고설켰던 역사만큼이나 이것저것 뒤섞인 오키나와 음식은 어떤 면에서는 다국적·다문화 음식처럼 보이기도 하고, 거꾸로 무국적 음식처럼 보이기도 한다.

그러니까 우리가 관심 있었던 것(더불어 이 책에서 쓰려는 것)은 정치적 특수성 속에 탄생한 오키나와 음식이자 식문화였다. 아무리 비수기인들 식당이야 문을 열겠지, 싶은 생각도 있었다. 어쨌든 역사적인 미식여행을 테마로 정했으니 중요한 건 '어디에 가서 무얼 먹을 것인가'였다. 문을 연 지 얼마 안 된, 깔끔하고 세련된 식당은 선택지에 올리지 않았다. 목적에도 부합하지 않을뿐더러 내 취향에도 맞지 않았다. 돌이켜보면 젊을 땐 나도 번화가의 트렌디한

식당, 카페, 술집을 즐겨 찾곤 했는데, 이제는 세월에 농익은 노포들이 편안하고 좋다. 톡톡 튀는 아이디어로 만들어진 퓨전 요리도 좋지만, 묵직한 손맛이 느껴지는 정통 요리가 더 좋다. 이런 이야기를 하니 아내는 심드렁하게 대꾸했다. "나이 들어서 그래." 하지만 함께 나이 들어가는 중인 아내도 옛 정취가 물씬 풍기는 노포들을 찾아다니자는 계획에는 만족스러워했다.

역사가 수백 년 넘는 가게가 즐비한 일본 본토에 비하면 오키나와에는 노포가 많지 않았다. 워낙 작은 섬이기도 하지만, 근현대 혼란기에 많은 식당이 사라져버렸기 때문이다. 물론, 그 와중에도 살아남아 여전히 장사하는 곳들이 없는 건 아니었다. 이러한 노포들의 특징은 시대별로 뚜렷이 구분됐는데, 크게 세 가지 키워드로 정리할 수 있었다. 첫 번째는 '백 년 노포', 두 번째는 'A사인', 세 번째는 '72년생'이다.

각 장에서 키워드에 맞춰 오키나와 역사를 자세히 설명하겠지만,[1] 간략히 소개하고 들어가자면 이 작은 섬의 역사는 외부로부터의 침입으로 점철돼 있다.

1429년 쇼하시尚巴志가 세운 류큐琉球왕국은, 중국의 책봉국으

---

1) 1장에서는 류큐왕국이 세워지고 몰락하는 역사를, 2장에서는 미군정 지배하에 들어가는 역사를, 3장에서는 미군정에서 벗어나 일본에 재편입되는 역사를 다뤘다.

로 인정받은 뒤 동아시아 해상무역 중심지로 부상하며 '대교역시대'를 맞는다. 이로부터 200여 년 동안 통일된 왕국으로서 존재하던 류큐는 1609년 사쓰마번薩摩藩(현재의 가고시마鹿児島현 전체와 미야자키宮崎현 일부를 포함한 지역이다)의 침공을 계기로 서서히 일본의 영향권 안에 들어가게 되고, 메이지明治시대인 1879년에는 아예 강제 병합을 당하면서 류큐라는 나라는 역사 속으로 사라진다. 이후 일본 영토가 된 오키나와는 제2차 세계대전이 막바지에 이른 1945년 미군과 일본군 사이에 벌어진 치열한 전투(오키나와전沖縄戦)에 휘말리면서 12만 명이 넘는 주민이 희생되는 등 막대한 피해를 입는다. 잘 알려져 있다시피 2차대전에서 일본은 패전국이었다. 이후 오키나와는 27년간 미군정의 통치를 받다 1972년, 일본의 영토로 재편입된다. 요컨대 오키나와를 둘러싼 정치적 영향을 살펴보면 류큐왕국 시절에는 중국과 가까웠으나 근대에는 일본에 복속됐고, 2차대전 이후에는 미국의 지배를 받다 다시 일본의 세력권 안으로 들어온 셈이다. 이 정도만 살펴봐도 대충 감이 오지 않는가, 오키나와 사람들의 인생살이가 얼마나 파란만장했을지. 20여 년 전 술자리에서 갑작스레 튀어나온 뎃짱의 '독립선언'에는 다 이유가 있었다.

오키나와에 대한 소개

오키나와현은 일본의 47개 도都·도道·부府·현県 중 하나로, 일본에서는 유일하게 아열대 기후에 속한 지역이다. 한겨울에도 기온이 10℃ 아래로 떨어지는 일이 드물다(하지만 수온이 낮아 바다에 들어갈 수는 없다). 규슈九州 남쪽 해역에서부터 타이완 동쪽 해역까지 약 1,300km에 걸쳐 있는 200여 개의 섬을 가리켜 류큐 열도라 하는데, 대략 북위 27도선을 경계로 북쪽에 있는 섬은 규슈 남단의 가고시마현, 남쪽에 있는 섬은 오키나와현에 속하는 것으로 구분한다. 오키나와현에 속한 섬의 총 면적은 2,281km², 거주 인구는 145만 명이다. 그중에서도 대다수 주민이 거주하는 오키나와 본섬은 1,207km²로, 제주도(1,846km²)에 비하면 조금 작다.

이 오키나와 본섬은 일본 본토와 한국, 중국, 타이완에 둘러싸인 자리에 있다. 남쪽으로는 필리핀 루손Luzon섬과도 멀리 떨어져 있지 않다. 오키나와현청이 있는 중심도시 나하那覇시는 도쿄에서 약 1,581km떨어져 있는데, 서울과의 거리가 1,230km로 더 가깝다. 중국의 상하이(846km), 타이완의 타이베이(629km), 필리핀의 마닐라(1,447km)도 나하에서 도쿄보다 가까운 대도시들이다.

이러한 지정학적 특징은 오키나와의 역사에 지대한 영향을 끼쳤다. 주변의 다양한 민족과 얽히고설키며 살아갈 수밖에 없었고, 강대국에 둘러싸인 전략적 요충지였기 때문에 끊임없는 침략에 시달려야 했다. 우리에게는 이 작은 섬의 역사가 낯설지 않다. 중국의 조공국이었다가 일본에 강제 병합을 당한 역사, 미군기지를 둘러싼 갈등 등 한반도 역사와 닮은 점이 많은 탓이다.

이렇듯 다사다난한 역사를 지닌 오키나와는 오늘날 아름다운 휴양지로 각광받고 있다. 2018년 한 해 동안 이 작은 섬을 찾은 관광객은 984만 명에 이른다. 이 중 290만 명이 외국인 관광객이었는데, 한국인은 55만 5,000여 명으로 타이완(88만 9,000여 명), 중국(63만 2,000여 명)에 이어 세 번째로 많았다.

手打ちそば きしもと 食堂

 APPROVED FOR US FORCES

JACK'S STEAK HOUSE
OKINAWA
ジャッキー ステーキハウス
★★★ SINCE 1953 ★★★

 A&W

CHARLIE'S TACOS
SINCE 1956

チャーリー多幸寿

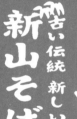
新山そば

古い伝統 新しい味

BLUE SEAL

盛
泡
古酒と琉球料理
うりずん

御食事処なは屋 PEPSI
TEL 56-2343

소키소바와 찬푸루

ソーキそばとチャンプルー

음식사 이야기를 하기 앞서 시간을 조금 멀리 거슬러 올라가보자. 오키나와에 남은 가장 오래된(3만 2,000년 전의 것으로 추정된다) 인간의 흔적은 8세가량 여자아이의 인골[1]이다. 1968년 이 뼛조각이 발견된 이후 오키나와에서는 2만~3만 년 전 구석기 시대 사람들의 뼈와 유물이 꾸준히 출토되고 있다. 이들의 근원에 대해서

---

1) 야마시타도진山下洞人이라 명명됐다. 1968년 나하시 야마시타山下정 동굴에서 여아의 대퇴골, 정강이뼈, 종아리뼈가 화석 상태로 발견됐는데, 현생 인류의 것으로 판명됐다. 일본에서는 가장 오래된 화석 인골이기도 하다. 뼈 주변에서 구석기는 발견되지 않았고 사슴뼈로 만든 골각기만 출토됐다.

는 학계에서도 주장이 엇갈리는데, 수만 년 전 동남아시아나 폴리네시아에 분포했던 인종에 뿌리를 둔다는 설도 있다. 장구한 세월 동안 다른 민족이 섞였을 테고 또 사람들의 다양한 외모를 획일화하기는 어렵지만, 오키나와에서 마주친 현지인들은 대개 태닝을 한 듯 까무잡잡한 피부에 쌍꺼풀이 진하고 눈매가 부리부리했다. 그 옛날 동남아시아 계통 원주민 조상들의 DNA가 남긴 외적 특징인지도 모르겠다. 한편 오키나와에서 발견된 구석기인 남성의 인골을 디지털 기술로 복원한 두상이 작년에 공개된 바 있는데, 납작한 콧대며 가운데에 몰린 눈과 입, 넓은 이마 등 전형적인 남방계의 특징을 보였다.[2]

　오키나와가 중국 및 일본의 사서史書에 등장하기 시작한 시기는 7세기 무렵이다. 하지만 이때까지만 해도 오키나와 원주민은 수렵, 채집 등에 의존한 원시 부족 생활을 했던 것으로 전해진다. 그러다 12세기에 이르러 초기 국가가 나타난다. 농경이 시작됨에 따라 부가 편중되고 계급이 형성된 가운데 지배층인 아지按司

2) 오키나와현립마이조문화재센터沖縄県立埋蔵文化財センター, 국립과학박물관, 학계 전문가들이 공동 참여해 현 내 이시가키石垣섬의 시라호사오네타바루白保竿根田原 동굴 유적에서 발견된 4호 인골(2만 7,000년 전 것으로 추정)의 두개골 CT 촬영 데이터를 토대로 얼굴의 입체 형상을 복원했다. 3D 프린터로 재현한 모형은 2018년 4월 20일 공개된 뒤 같은 해 6월 17일까지 도쿄 우에노공원의 국립과학박물관에 전시됐다. 센터 측은 복원한 구석기인의 얼굴 형태에서 중국 남부, 베트남 등지의 남방계 인종 특징이 두드러졌다고 밝혔다.

자키미座喜味 구스쿠의 성벽. 15세기 초에 세워진 구스쿠로, 오키나와 본섬 중부의 요미탄読谷촌에 있다.
©OCVB

(호족)들은 동아시아 해상무역에도 참여한다. 이는 당시 오키나와 사회가 항해술은 물론, 잉여생산물을 활용해 이익을 창출하는 경제 관념을 갖출 만큼 상당한 수준으로 발전했음을 입증한다. 오키나와 말로 구스쿠グスク[3]라 하는 석조 건축물 역시 이 시기에 축조됐다. 특히 규모가 큰 구스쿠는 13세기에 건립됐는데, 지금도 섬 여기저기에 남아 있다. 방대한 노동력을 요하는 대규모 건설 작업이 이루어졌다는 사실에서도 국가의 틀이 마련됐다는 점을 엿볼 수 있다.

이렇듯 독자적인 국가가 형성됐다면, 음식은 어떨까? 그런데 앞서 오키나와 음식은 '다국적 음식' 같다고 설명하지 않았나? 맞다. 오키나와 음식에는 여러 국가의 향이 배어 있는데, 그중에서도 중국의 향은 14세기에 묻어온다. 이즈음 오키나와에서는 각지에 흩어져 있던 아지 세력들을 통괄하는 왕이 출현하며 세 개의 왕국이 나타난다. 오키나와 본섬 북부에 호쿠잔北山이, 중부에 주잔中山이, 남부에 난잔南山이 세워지면서 이른바 산잔三山시대(1322~1429)가 열린 것이다. 이들은 명나라에 조공을 바치며 책봉을 받았고(이를

---

3) 돌을 쌓아서 만든 건축물. 한자로는 城으로 표기하기도 한다. 12~16세기에 건립됐으며, 대부분 높은 지대에 위치한다. 구스쿠의 목적에 대해서는 군사시설로서의 요새, 신에게 제사를 올리는 장소, 아지들의 거주지 등 다양한 주장이 있다. 구스쿠 유적에서는 고려, 중국, 동남아시아의 금속 제품이나 도자기 등의 유물이 출토돼 주변국들과 교류가 활발했음을 보여준다.

가리켜 '조공무역'이라 한다), 이는 세 왕국을 통일하면서 탄생한 류큐 왕국도 마찬가지였다. 조공을 바치는 대신 책봉, 즉 왕의 지위를 인정받는다고 하면 불합리한 관계를 상상하기 쉽지만, 사실 무역 관계에 더 가까웠다. 물론 명나라와 (조공을 바치던) 다른 나라들 간에 위계는 존재했다. 그렇지만 명 황제는 조공물보다 값나가는 물건을 답례품으로 하사했으며, 책봉관계를 맺는다고 해서 오키나와를 정치적 속국으로 삼은 것은 아니었다.[4]

이렇게 시작된 중국과의 관계는 대표적인 류큐 궁중요리 중 하나가 중화풍 돼지고기 요리라는 사실에서 단적으로 드러난다. 과거 슈리성首里城(류큐왕국의 왕궁)[5]에는 명나라에서 찾아오는 책봉사들을 위한 전용 주방이 따로 마련돼 있었다. 먹는 걸 중시하는 중국인답게 책봉사들이 전속 요리사를 중국에서부터 대동하고 왔기 때문이다. 류큐 왕실 시종들은 명나라 요리사들의 보조 역할을 하며 어깨너머로 조리법을 배웠고, 류큐왕국의 식탁에도 중화풍 돼

4) 아라사키 모리테루, 《오키나와 이야기》, 김경자 옮김, 역사비평사, 2016.
5) 나하시 슈리 지역에 위치한다. 14세기 말에 최초로 건립됐으나 전란, 화재 등으로 파괴돼 총 네 차례에 걸쳐 재건됐다. 현재의 슈리성은 1945년 오키나와전 당시 파괴된 뒤 1992년에 재건한 것인데, 1715년 세 번째 재건 당시의 형태를 취했다. 18세기는 류큐왕국이 중국과 일본에 모두 조공을 바치던 시기여서 궁전 건축 양식은 중국과 일본의 것이 뒤섞여 있다. 가령 정전正殿의 기와 등에 용이나 사자 조각을 넣거나 건물을 붉게 칠한 것은 중국의 영향이며, 화려한 장식과 함께 곡선지붕을 씌운 전면부의 가라하후唐破風 양식은 일본의 영향이다.

류큐왕국 시대의 건축 양식으로 지어진 민가. ©OCVB

지고기 요리가 오르기 시작했다.

그중 하나가 바로 라후테ㄹㄱㅌㅔ다. 이는 중국의 둥포러우东坡肉 (동파육)에서 비롯된 것으로,[6] 껍질 붙은 삼겹살 덩어리에 콩비지 를 넣어 삶은 뒤, 다시 아와모리泡盛(오키나와 전통주),[7] 간장, 흑설탕 을 넣은 국물에 장시간 푹 삶은(조린다고도 할 수 있다) 음식이다. 다만 한 번 삶은 돼지고기를 노릇노릇하게 튀겨 양념에 조리는 동파육 과 달리 라후테는 튀기지 않는다. 중국에서 영향을 받았되, 기름 을 구하기 어려웠던 섬 사정을 반영한 것이다. 양념이 고기 속까 지 깊숙이 배어 진한 풍미를 내도록 길게는 2~3일까지 삶는다. 오 랜 시간 조리해야 하는 음식인 만큼 오늘날에는 고급 이자카야나 정식집에 가야 맛볼 수 있다.

그런데 왜 하필 돼지고기였을까? 종교의 영향으로 육식을 금했 던 일본[8]과 달리 오키나와에서는 오래전부터 돼지고기, 산양고기 등 육식을 즐겼다. 심지어 '류큐 요리는 돼지로 시작해서 돼지로

---

6) '라후테'라는 이름의 기원도 중국어에 있다. 한자 '羅火腿'를 오키나와식으로 발음한 게 라후테가 됐다 는 것. 중국에서 훠투이火腿는 염장한 돼지 넓적다리를 뜻하는데, 넓은 의미로는 햄 등 돼지고기를 가 공한 식품을 가리킬 때 쓰이기도 한다.

7) 아와모리에 대해서는 3장을 참고할 것.

8) 7세기 일왕 덴무가 육식금지령을 선포한 이래 일본에서는 육식을 하지 않았다. 그러다 19세기 중반 서 양 근대문물이 쏟아져 들어온 시기부터 로스트비프 등 서양식 쇠고기 요리를 먹기 시작했다. 예외적으 로 가고시마현에서는 오래전부터 돼지고기 요리가 발달했는데, 이는 1609년 사쓰마번이 류큐를 침공 한 이후 오키나와의 돼지고기 요리가 들어와 영향을 미친 것으로 보인다.

라후테. 오키나와의 대표적인 돼지고기 요리다.

끝난다'는 말이 있을 정도로 오키나와 사람들의 돼지고기 선호도
는 매우 높다. 살은 물론 뼈, 족발, 내장까지 모조리 먹는다. 다양
한 식재료 중에서도 돼지고기가 향토음식의 '에이스'가 된 건 앞
서 살펴봤듯이 중국에서 찾아온 책봉 사절단의 입맛을 맞추기 위
함이었다. 사절단의 규모는 300~500명에 이르렀고, 한 번 방문하
면 최장 250일 정도 머물다 귀국했다. 왕실에서는 사절단을 위해
매일 밤 연회를 열었다. 중국인이 즐겨 먹는 돼지고기 요리를 내
놓기 위해 하루에 돼지를 20마리씩 잡았다고 한다. 따라서 사절단
이 찾아올 때마다 대략 5,000마리의 돼지가 필요했다고. 이렇듯

엄청난 양의 돼지고기를 조달하고자 류큐 왕실은 각 마을에 양돈 할당량을 강제로 부과했다. 다행히 돼지는 오키나와 사람들의 주식이었던 고구마(이모작이 가능해 생산량이 많았다)와 고구마 줄기, 잎 등의 부산물을 잘 먹었고, 양돈은 성공적이었다. 돼지고기는 사절단을 충분히 먹이고도 남아돌기 시작한 18세기 중반 이후부터 서민들의 명절상에 오르며 향토음식의 대표 식재료가 됐다.

중국이 남긴 흔적은 오키나와 소바沖縄そば에서도 찾아볼 수 있다. 소바そば는 잘 알려져 있듯 메밀국수를 뜻하는데, 오키나와 소바는 이름만 소바일 뿐 실은 밀가루 국수다(때문에 오키나와 사람들은 메밀국수를 니혼 소바日本そば, 구로이 소바黒いそば[9] 등으로 구분해 부른다). 또한 가쓰오부시로 낸 개운한 국물을 선호하는 일본과 달리, 오키나와에서는 돼지고기와 돼지뼈를 삶은 진한 육수의 맛을 더욱 강조한다.[10] 오키나와 소바의 대표격인 소키 소바ソーキそば는 돼지뼈나 고기 육수에서 한 걸음 더 나아가 아예 뼈가 붙은 돼지갈비를 고명으로 얹는다.

어째서 '소바'가 붙었는지는 알 수 없지만, 오키나와 소바는 그

---

9) 구로이黒い는 일본어로 '검다'라는 뜻. 메밀국수가 검은색을 띠어 붙여진 이름이다.
10) 뒤에서 더 자세히 다루겠지만, 일본으로부터 침략을 받거나 일본 본토 관광객이 급증하는 과정에서 일식의 영향을 받아 국물 맛이 다소 달라진다. 육수에 넣는 다시마나 가쓰오부시(가다랑어포) 양이 갈수록 증가하며 개운함을 강조하게 된 것이다.

오키나와 소바. ©OCVB

이름 때문에 여러 차례 우여곡절을 겪었다. 애초에 오키나와 소바는 현지어로 스바すば 혹은 지나 스바支那すば라 불렸다. 그런데 1916년(류큐왕국이 무너지고 일본에 귀속된 시기다) 나하경찰서장이 '류큐 소바琉球そば'로 개명할 것을 지시한다. 이유는 알 수 없지만, 추측건대 오키나와어를 말살하기 위한 조치가 아니었을까 싶다. 미군정이 끝나고 오키나와가 1972년 일본에 반환된 이후에도 명칭은 또 한 차례 문제가 됐다. 일본 공정거래위원회가 국수에 메밀가루가 30% 이상 섞여 있어야 '소바'로 표기할 수 있다는 공정경쟁거래규약을 들어 1976년 오키나와 소바의 '소바' 표기를 금지

시킨 것이다. 이에 오키나와생면협동조합沖繩生麵協同組合이 격렬히 반발했고, 결국 1978년 10월 17일 지역 특산물인 점을 고려해 예외 승인을 받아낸다.[11]

어쨌든 이 오키나와 소바는 오늘날 오키나와 어디서나 쉽게 맛볼 수 있는데, 본래는 라후테와 마찬가지로 궁중요리였다는 설이 있다.[12] 중국 사신을 대접하던 음식에서 비롯됐다는 주장이다. 밀가루 국수의 제조법이나 형태로 볼 때 14~15세기 중국의 중화면에서 전래됐다는 것이다. 밀이 아열대 기후에서는 재배하기 어려워 수입에 의존했을 테니, 국수가 특식이었음은 분명하다. 그런데 오키나와 소바는 (여전히 고급요리에 속하는) 라후테와 달리 서민 음식으로 널리 대중화됐다. 이는 2차대전에서 일본이 패한 뒤 27년간 미군정의 통치를 받은 오키나와에 저가의 미국산 밀가루가 대량으로 보급됐기에 가능한 일이었다. 재료며 이름이며 오키나와 소바 한 그릇에 중국, 일본, 미국과 정치적으로 결부됐던 상황이 모두 녹아 있는 셈이다.

한편 서민들의 밥상에 오르던(지금도 오르고 있는) 오키나와의 소

---

11) 때문에 오키나와생면협동조합에서는 이를 기념해 1997년부터 10월 17일을 '오키나와 소바의 날'로 정하고 매년 다양한 행사를 열고 있다.

12) 기록상으로는 1902년 나하경찰서 인근에 개업한 '지나소바야支那そばや'에서 중국인 주방장이 만들어 선보였다는 것이 최초다.

울푸드는 찬푸루チャンプルー[13]다. 찬푸루는 오키나와 방언으로 '섞다', '비비다'라는 뜻이다. 이런저런 재료를 섞어 돼지기름에 볶는 것인데, 류큐왕국 시대부터 내려온 가정식이다. 주로 밥에 반찬 삼아 먹는다. 이름은 주재료에 따라 달라진다. 가장 대표적인 것은 고야찬푸루ゴーヤーチャンプルー로, 오키나와에서 많이 나는 고야(여주)[14]와 달걀, 채소 등을 섞어 만든 찬푸루다. 이 밖에도 두부를 넣은 도후찬푸루豆腐チャンプルー, 양배추를 넣은 다마나찬푸루タマナーチャンプルー 등 주재료로 무엇을 넣느냐에 따라 얼마든지 다양한 찬푸루를 맛볼 수 있다.

한국에서 '김치'가 그러하듯이(혹은 일본에서 '스시'가 그러하듯이), 찬푸루는 오키나와 문화를 상징하는 말로도 통한다. 중국, 한반도, 동남아시아, 일본, 미국 등의 문화가 차례로 유입돼 찬푸루처럼 섞이면서 지금의 오키나와 문화를 이뤘다는 것이다. 그런데 이 찬푸루, 어딘가 익숙하지 않은가? 동남아에서 흔히 볼 수 있을 법한 음식이다. 물론 사람들이 먹는 음식은 조금씩 비슷하게 마련이지

---

13) 국립국어원의 일본어 표기로는 '잔푸루'로 써야 맞다. 그러나 이 요리는 재료에 따라 '○○찬푸루'로 연결해 쓰는 경우가 대부분인 점, 동남아시아 어원설 등을 고려해 이 책에선 '찬푸루'로 표기했다. 일본어 발음으로는 '짬뿌루'에 가깝다.

14) '고야'도 오키나와 말이다. 쓴맛이 나는 타원형 열매로, 표면이 돌기로 덮여 있다. 일본에서는 쓰루레이시ツルレイシ나 니가우리にがうり라 부른다.

만, '찬푸루'와 비슷한 말이 인도네시아나 말레이시아에도 있다면 얘기가 다르다. 이들 동남아 지역에서는 알파벳으로 'campur'라 표기한다. 이 역시 '섞다'라는 뜻이며, 심지어 발음도 '참푸르'다. 인도네시아에서는 쌀밥에 다양한 참푸르를 곁들여 먹곤 하는데, 이를 '나시 참푸르nasi campur'라 한다(나시는 쌀을 의미한다). 쌀밥과 참푸르를 한 그릇에 담아 먹지만, 한국에서처럼 비벼 먹지는 않는다. 어쨌든 오키나와의 찬푸루는 인도네시아나 말레이시아에서 유래한 음식이라는 설이 유력하다.[15] 과연 동남아시아와 류큐의 음식에는 어떤 연결고리가 있었을까?

중국의 조공·책봉 이야기로 다시 돌아가자. 14세기 오키나와는 세 왕국으로 나뉜다. 호쿠잔, 주잔, 난잔 이들 세 왕국은 중국에 조공을 바치는 대신 책봉을 받았고, 이는 세 왕국을 통일하면서 탄생한 류큐왕국도 마찬가지였다. 앞에서도 설명했듯이 이러한 조공·책봉 체제는 정치적 복속이라기보다는 경제적 이해관계에 따른 바가 컸다. 중국의 조공 및 책봉 질서에 편입된 류큐왕국은 정치적으로 안정됐고 경제, 문화가 융성한다. 국력을 다진 류큐왕국은 중국, 동남아시아, 일본, 한반도 등의 중간에 자리한 지리적 이점을 활용해 동아시아의 중개무역 중심지로 부상한다. 지금으로

---

15) 중국어 유래설, 일본어 유래설(잔폰ちゃんぽん)도 있다.

치면 싱가포르나 홍콩 같은 곳이었던 셈이다. 류큐왕국은 조공국인 중국, 조선[16]을 비롯해 일본, 아랍 등과 교역을 하며 부를 쌓았다. 이 시기 류큐왕국은 멀리 인도네시아의 자바왕국이나 말레이반도의 말라카왕국과도 활발하게 교류했는데, 어쩌면 동남아로 건너간 류큐 선원들이 참푸르를 맛본 뒤 고향에 돌아와 비슷한 요리를 재현해 찬푸루라 불렀는지도 모른다. 이에 오키나와의 서민음식 찬푸루는 과거 해상왕국으로서 아시아 전역에 진출했던 류큐의 자랑스러운 역사적 상징물로 여겨지기도 한다.

그렇지만 류큐의 황금기는 길지 않다. 1462년 쿠데타로 왕권이 교체된 이후 번영기를 맞았던 류큐는, 이후 150여 년 만에 저물기 시작한다. 태평성대 속에 류큐왕국은 '예의를 지키는 나라守禮之邦'를 자처하며 군비다운 군비를 갖추지 않았다.[17] 왕실에서는 호족과 부하들에게서 무기를 전부 몰수했는데, 왕권의 경쟁자가 될 만한 세력을 제거하기 위함이었다. 이러한 가운데 조선에서 임진왜란(1592년)이 터진다. 류큐 왕은 도요토미 히데요시豊臣秀吉로부터 군량미 조달을 요구받지만 거부한다. 명나라와 조선에 조공을 바치던 류큐로서는 당연한 조치였다. 일본 측에서는 이를 고깝

---

16) 기록에 따르면 산잔 시대부터 고려·조선에 조공을 바쳤다. 조선은 왜(일본)에 대해서는 탐탁지 않게 여겼던 반면, 류큐는 중국 황실에서 인정받은 문명국이라 여겨 조공 요청을 받아들였다.

17) 아라사키 모리테루, 앞의 책.

LOO CHOO CHIEF and his TWO SONS.

영국 해군장교이자 탐험가 바실 홀Basil Hall이 류큐 귀족과 그의 아들, 가신을 그린 삽화. 홀이 1818년 에 출간한 《조선·류큐 항해기Account of A Voyage of Discovery to The West Coast of Corea, and The Great Loo-Choo Island in The Japan Sea》에 실렸다. 그는 1816년 조선의 서해안과 류 큐왕국을 방문한 뒤 이 책을 냈다. ©OCVB

게 여겼으나 전란 중이라 문제 삼을 여력은 없었다.

하지만 정유재란(1598년)과 세키가하라関ヶ原 전투(1600년)[18]가 끝나고 도쿠가와 이에야스德川家康가 실권을 잡자 일본의 안팎 사정은 빠르게 안정됐다. 도쿠가와 막부는 정권이 바뀌었다며 명나라와 조선에 교역 재개를 요청하지만, 명은 단호하게 거부한다. 중국 대륙의 선진문물을 받아들일 통로가 사라지자 막부는 조선과 류큐를 통해 간접적으로나마 교역하고자 했다. 이에 조선에서는 1607년 조선통신사 파견을 재개했지만, 류큐는 또 한 번 거부했다. 이에 앙심을 품은 막부는 1609년 오키나와에서 가장 가까운 사쓰마번[19]의 류큐 침략을 승인한다.

작은 섬나라 류큐는 두 차례의 왜란으로 독기가 바싹 오른 일본의 군세를 당해낼 재간이 없었다. 명나라는 왜란으로 조선에 대규모 원정군을 파견하는 바람에 재정이 악화돼 국력이 기우는 중이었다. 류큐까지 신경 쓸 처지가 아니었다. 조선이 그러했듯이 류큐왕국도 조총으로 무장한 3,000명의 왜군에 속수무책으로 짓밟히다 한 달여 만에 패배를 선언했다. 일본은 류큐왕국을 속국으로 삼되, 멸하지는 않았다. 앞서 말했듯 명나라가 조공 요청을 거부

18) 일본 전국의 다이묘大名(봉건영주)들이 두 진영으로 나뉘어 벌인 전투를 말한다. 이 전투에서 도쿠가와 이에야스가 승리해 에도江戸 막부가 열렸다.
19) 번藩은 에도시대에 1만 석 이상의 영토를 가진 다이묘가 지배하는 영역을 가리키는 말이다.

했기 때문에 중국 문물을 받아들일 창구로서 류큐를 활용해야 했기 때문이다. 이후 류큐왕국은 중국, 일본에 조공을 바치며 독립국으로서의 지위를 유지했다.[20]

오늘날 오키나와 향토음식의 재료로 각광받는 다시마는 이러한 정치적 배경 속에 유입됐다. 찬 바다에서 자라는 다시마는 본래 홋카이도北海道 특산물로, 오키나와 일대에서는 찾아볼 수 없었다. 그런데 18세기 청나라에서 다시마가 한방 약재로 활용됨에 따라 수요가 급증한다. 이에 에도 막부는 홋카이도산 다시마를 중국에 수출할 방도를 모색한다. 하지만 명나라에 이어 청나라 역시 일본을 하찮게 여기며 상대해주지 않았던 탓에 일본은 청의 조공국인 류큐를 중개무역지로 내세웠다. 일본에서는 당시 홋카이도에서부터 일본 본토, 오키나와를 거쳐 중국까지 다시마를 운반한 해로를 가리켜 '곤부로도昆布ロード'라 부르기도 한다('곤부'는 다시마를 뜻하며, '로도'는 영어 road의 일본식 발음이다). 에도 막부가 중국에 수출한 다시마 양은 한때 연간 180톤에 이를 정도였다고 한다. 이처럼 청나라에 보낼 수출품으로 류큐에 집산된 다시마는 점차 현지 음식 재료로도 인기가 높아졌는데(1988년까지 오키나와는 일본에서 다시마 소비량

---

20) 류큐 왕실에 파견된 사쓰마번의 관리들은 중국에서 사신이 올 때마다 섬을 떠나는 등 몸을 숨겼다고 한다. 류큐가 일본에게도 조공을 바친다는 사실을 중국이 알게 되면, 류큐의 조공국 지위가 박탈당할 것을 우려해서였다.

이 가장 많은 지역이었다), 돼지고기 맛과 잘 어울려 볶음이나 국물 요리에 많이 쓰였다. 영양학적인 면에서도 다시마에는 기름을 분해하는 성분이 함유되어 있다 하니, 돼지고기와 찰떡궁합인 셈이다. 어쨌든 오키나와 소바의 돼지고기 육수에 다시마가 듬뿍 들어가게 된 배경에는 에도 막부의 수출 전략이 숨어 있었다.

일본 식문화의 산물인 다시마가 오키나와 음식의 맛과 영양을 한 단계 진보시키기는 했지만, 일본의 침략은 현지 주민들에게 재앙의 시작이었다. 조공·책봉 체제 안에서 평화로운 사대관계를 맺었던 중국이나 조선과 달리, 사쓰마번은 류큐에 대해 정치적 간섭은 물론, 가혹한 세금 수탈까지 자행했다. 특히 설탕은 일본의 류큐 착취를 대표하는 식자재였다. 사쓰마번은 당시 고가였던 설탕을 싼값에 확보하고자 류큐 농민들에게 플랜테이션 방식으로 사탕수수 재배를 강제했다. 농민들은 노예나 다름없는 중노동에 시달렸고, 사탕수수에 편중된 불균형한 농업은 주식인 쌀 등 곡물의 부족을 야기해 주민들은 배를 주려야 했다. 오늘날 오키나와 특산품으로 꼽히는 달콤한 흑설탕에는 참혹한 농민 착취의 역사가 있었던 것이다.

중국과 일본에 모두 조공을 바치던, 이른바 '양속兩屬 관계'는 1872년에 막을 내린다. 일본 정부는 1871년 조난당한 류큐 주민들이 타이완(당시 청나라 영토)에서 살해된 사건을 빌미로 류큐가 일본의 속국임을 천명한다. 1872년 류큐왕국은 일본에 속한 류큐번으로, 류큐 국왕은 번왕으로 격하됐다. 청과 류큐 모두 이를 받아들이지 않자 1874년 일본은 타이완을 침공한 뒤 청나라에 이것이 정당한 행위임을 인정할 것을 요구했고, 결국 받아들여졌다. 보복 침공 행위를 인정한다는 것은 류큐가 일본에 속한다는 사실을 인정하는 것이나 다름없었다. 그럼에도 류큐 지배층의 반발이 이어지자 1879년, 일본은 군대를 보내 무력으로 류큐를 강제 병합한 뒤 오키나와현을 설치한다(1609년 사쓰마번이 류큐를 침공한 이후 270년 만이었다). 류큐의 마지막 왕인 쇼타이왕尚泰王은 슈리성에서 쫓겨나 (허울뿐인) 일본 후작에 봉해졌고, 도쿄로 끌려가 그곳에서 생을 마감한다. 450년간 이어져온 류큐왕국은 그렇게 저물었다.

나라 잃은 류큐 백성들은 일본 국민이 됐다. 일본은 청일전쟁 (1894년)에 승리한 후 (일제강점기 한반도에서 식민교육을 펼쳤듯이) 일체화 교육으로 오키나와 사람들을 일본의 틀 안에 넣었다. 러일전쟁(1904~1905년) 때에는 오키나와 사람들을 일본군 병사로 참전시키면서 애국심을 주입했다. 이즈음 일본 본섬으로 이주하는 오키나와 주민들이 늘기 시작했는데, 일본 사회에서 오키나와 출신 사람들은 '도진土人', '리키진リキジン'[21] 등이라 불리며 민족차별에 시달렸다. 1903년 오사카大阪에서 열린 한 박람회에서 오키나와인들이 조선인, 중국인, 아이누, 타이완 원주민 등과 함께 동물원 철창에

갇힌 짐승처럼 '인종 전시'를 당한 비참한 역사도 있다.[22]

　오키나와인들의 삶은 1920년대부터 시작된 일본의 경기 불황에, 지역 주산물인 설탕 가격의 급락까지 덮치면서 더욱 팍팍해진다. 여기에 태풍과 기근이 끊이지 않아 흉년이 이어졌다. 그런데도 세금 부담은 여전해 농민들은 생존을 위협받았다. 오키나와에서는 당시 상황을 '소테쓰ソテツ 지옥'이라 부른다. 쌀은커녕 오키나와의 대표적 구황작물이던 고구마조차 구할 수 없자 굶주림에 지친 농민들이 독성이 강한 소테쓰까지 먹은 것이다.[23] 굶어 죽는 것보다는 낫다는 생각에 독성을 제대로 빼지 않고 먹었다가 중독돼 죽는 사람들도 있었다. 상황이 이렇다보니 많은 주민들은 고향을 등지고 '지옥'을 탈출했다. 일본 본섬뿐 아니라 아예 하와이, 필리핀, 뉴칼레도니아 등 해외로 이민 가는 사람들이 적지 않았다.[24]

---

21) 리키진은 류큐인琉球人의 일본어 발음(류큐진)에서 비롯된 비하어다. 제국주의 시대에 본토 일본인은 우월하고, 식민지 등 타지역의 아시아 민족은 열등하다는 차별의식을 반영한 것이다. 조선인을 일본어로 발음한 '조센진'이 비하어로 쓰이는 것도 같은 맥락에서다.

22) 오키나와 지역신문인《류큐신보琉球新報》는 당시 이 문제에 관해 "일본의 신민이 된 오키나와 현민을 미개한 홋카이도 아이누나 타이완 원주민처럼 취급하는 것은 모욕"이라는 항의 논설을 실었고, 오키나와 사람들의 불만도 그런 방향이었다. 민족차별을 당하면서도 동시에 내면에는 일본인의 아이덴티티가 자리 잡았고, 스스로의 자존감을 높이기 위해 아이누 등 다른 소수민족에 대한 차별의식을 지녔음을 엿볼 수 있다.

23) 소테쓰는 '소철'을 가리킨다. 사이카신이라는 독성 물질이 함유되어 있어 함부로 먹으면 사망에 이를 수 있다. 식용으로 적절치 않지만, 장시간 물에 불리면 독성이 어느 정도 빠져 먹을 수 있다고 한다.

이처럼 영광과 회한으로 버무려진 류큐의 역사는 오키나와 소바나 찬푸루 같은 향토음식에 자취를 남겼다. 둘 다 현지 곳곳에서 흔히 접할 수 있는 메뉴다. 특히 오키나와 소바는 전문점이 있는 것은 물론, 판매하는 곳이 현 내에만 무려 2,000여 개에 달한단다. 지금부터 소개할 100년 역사의 가게 세 곳에서도 어김없이 오키나와 소바를 메뉴에 올리고 있었다. 그중 한 곳에서는 찬푸루도 팔았다. 섬 어디서나 쉽게 만날 수 있는 음식이지만, 백 년 노포의 정취를 느끼며 오랜 전통의 맛을 체험하고 싶었다. 이 두 메뉴를 먹을 식당은 나하야なーはー屋, 신잔소바新山そば, 기시모토식당きしもと食堂이다.

24) 이 같은 상황은 2차대전이 끝난 뒤에도 이어져 멕시코, 브라질, 아르헨티나 등 중남미로 떠난 오키나와 출신 이민자가 많았다.

나하야

な一は一屋(1912~)

렌터카 내비게이션에 가게 이름인 '나하야'를 입력했지만, 검색 결과는 '없음'으로 떴다. 전화번호를 입력해도 마찬가지. 예감이 좋다. 타지에서 온 관광객이 자주 찾는 곳이라면 점포명만으로도 검색됐을 것이다. 어쩌면 나하야는 운 좋게 찾아낸 동네 맛집일지도 모른다는 기대가 커진다. 여행이란 모름지기 남들 다 아는 식당에 가는 것보다야 숨은 맛집을 찾아내는 게 더 재미있지 않은가. 구글에서 나하야 주소를 검색해 내비게이션에 하나하나 입력했다. 잘못된 주소가 아니길 바라며 오키나와에서의 첫 식사를 위해 출

발했다(물론 호텔에서 빵으로 조식을 해결했지만, 그건 빵이지 오키나와 음식이 아니다).

　나하야는 오키나와 본섬 북쪽의 나키진今帰仁촌에 위치한다. 멀지 않은 곳에 관광명소인 고우리古宇利 섬[25]이 있어, 섬을 오갈 때 들르기 딱 좋은 식당이다. 오늘날 나키진촌은 인구가 채 1만 명도 안 되는 지역이지만, 류큐왕국이 통일되기 전까지 섬 북부를 차지한 호쿠잔 왕국의 수도였다. 때문에 이곳에는 호쿠잔 왕국이 14세기에 세운 왕궁이자 요새인 나키진성今帰仁城(나키진 구스쿠)이 아직까지 남아 있는데, 1609년에 불타 지금은 돌로 쌓은 성벽과 성터만 볼 수 있다. 수백 년이 흘렀음에도 성벽은 여전히 굳건하다. 더 이상 성벽을 사이에 두고 전쟁을 벌이지 않는 시대에 이르러 나키진성은 과거 건축 양식을 보여주는 유적지(2000년 세계문화유산에 등재됐다)가 됐지만, 주변 풍경이 아름다워 천천히 걸어볼 만하다.[26]

　오키나와는 작은 섬이라 생각했는데, 남북으로 길게 뻗어 있는 형태라 이동시간이 꽤 길었다. 우리가 출발한 남쪽의 나하시에서

---

25) 고우리섬에 대해서는 부록을 참조할 것.
26) 매년 1월 말부터 2월 초까지 '나키진 구스쿠 사쿠라 마쓰리今帰仁グスク桜まつり'라는 벚꽃 축제가 열리고 있다. 일본에서 가장 먼저 개최되는 벚꽃 축제로 유명하다. 야간에 조명과 촛불을 설치해 환상적인 분위기를 자아내는 한편, 전통예술 공연 등 다채로운 행사가 진행된다. 오키나와의 벚꽃은 일본 본토의 것보다 분홍색이 진해 색다른 느낌을 주기도 한다.

북쪽의 나키진촌까지 자동차로 가는 데 걸리는 시간은 무료도로로 2시간 남짓, 유료도로는 1시간 30분 정도. 일본의 도로 통행료는 너무 비싸기 때문에 당연히 무료도로를 선택했다. 섬이라서 가는 동안 에메랄드빛 바다를 마음껏 볼 수 있지 않을까 싶었는데, 바다보다는 미군기지 담장이 더 자주 보였다. 뒤에서 좀 더 자세히 설명하겠지만, 일본 전체 면적의 0.6%에 불과한 작은 섬 오키나와에는 1972년 미군정이 종식된 이후에도 여전히 주일미군의 75%가 몰려 있는 탓에 미군기지가 상당한 면적을 점하고 있다.

지루한 풍경을 지나 나하야에 도착한 건 오후 3시가 다 되어서였다. 겨울이라 하늘은 벌써 한낮의 창창한 생기를 잃기 시작했다. 점심때를 한참 지난 터라 뱃속이 '밥 좀 넣으라'며 야단법석을 떨어댔다.

나하야는 1912년에 문을 연 노포다. 상당히 레트로한 외양이 인상적이었는데, 네모반듯한 미색 콘크리트 건물에 오키나와 전통 건축 양식인 붉은 기와지붕을 얹었다.[27] 붓글씨로 '식사하시는 곳 나하야御食事処 なーはー屋'라 적혀 있는(심지어 가게 이름 옆에 펩시콜라로고도 붓으로 그려 넣었다) 간판은 노포답게 색이 조금 바랬고, 출입문도 요새는 보기 드문 알루미늄 새시다. 노포라 하면 일본 본토에서는 옛식 목조 건물을 연상하게 마련. 그런데 오키나와는 영 다른 느낌이다. 이는 뒤에서 소개할 다른 노포들 역시 마찬가지다.

문화적 차이도 있겠지만, 오키나와전 당시 대부분의 건물이 파괴되고 전후 복구 과정에서 실용성을 앞세운 콘크리트 건물이 쌓아올려지면서 나타난 특징일 것이다. 한국 시골 동네에서 볼 수 있는, 촌스럽고 오래된 구멍가게 같은 외관이라 어쩐지 정겹다.

얇은 미닫이문을 열고 들어가자 문 위에 달린 종이 딸랑딸랑 울렸다. 주방 안쪽에서 "이랏샤이いらっしゃい(어서오세요)"하고 외치는 소리가 들리더니 이내 머리카락도 턱수염도 새하얀 아저씨가 나왔다. 반팔 티셔츠에 반바지 차림 위로 이발사처럼 흰 가운을 대충 걸친 것도 독특한데, 여기에 (조리모 대신) 흰 야구모자까지 삐딱하게 썼다. 이 자유분방하기 짝이 없는 남자가 나하야 주인이자 요리사인 다마키 가오루玉城薫 씨다. 사실 그가 우리를 안내해주지 않았다면 손님인 줄 알았을 것이다.

이 가게가 백 년 노포라 해서 찾아왔다는 말에 그는 "맞아요. 메이지 45년에 창업했어요"라며 웃는다. 그렇지만 숨은 맛집은 아닌 모양이다. 어디서 왔느냐고 묻기에 한국에서 왔다고 대답했더니, 한국인 손님들이 종종 들른단다. 외국인들이 자주 오는지 물었다.

27) '오키나와 아카가와라沖縄赤瓦'라 불리는 붉은 기와는 오키나와에서 생산되는 적색 점토로 만든 기와다. 류큐왕국 시절에는 왕실 건물과 관공서, 종교시설에만 사용이 허가됐으나 1889년 제한령 해제 이후 일반 주택에도 널리 보급됐다. 이 기와는 태풍에 튼튼하고 흡수성과 통기성이 좋아 오키나와 기후에 적합한 건축자재로 평가받는다.

"그저께는 독일인 손님들이 다녀갔어요"라는 답변이 돌아왔다. 내비게이션에 가게 이름은 잡히지 않아도 알음알음 찾아오는, 나름 글로벌 맛집인 모양이다.

자리에 앉아 찬찬히 실내를 둘러보았다. 점심때가 한참 지나서인지 우리 말곤 다른 손님이 없었다. 외관도 그랬지만 가게 내부는 세월의 흔적을 고스란히 간직하고 있다. 낡은 갈색 모노륨이 깔린 바닥 위에는 4인용 철제 테이블이 6~7개 놓여 있고, 한편에는 다다미 깔린 좌식 자리가 하나 있다. 목판을 이어 붙여 마감한 벽 위에는 연예인이나 운동선수 등 유명인사들이 남긴 사인 액자며 옛 포스터, 메뉴가 적힌 종이들이 다닥다닥 붙어 있다. 가게 한가운데 놓인 큼지막한 어항도 옛날에 할머니집에서 봤을 법한 모양새다. 어항도 그렇고 벽걸이 선풍기, 냉장고 등 집기들 중에 무엇 하나 세련된 게 없다. 개중 LCD TV 정도가 최신 물건인 듯한데, 그 아래를 받치고 있는 건 옛식 브라운관 TV다. 신기해서 들여다보았더니 '쇼와昭和[28]의 잊힌 물건'이라고 쓰인 종이가 붙어 있다. 정말이지 날것 그대로의 노포다. 이런 분위기, 내게는 대단히 매력적이다.

그렇지만 식당에서 가장 중요한 건 역시 맛이다. 우리는 가게를

---

28) 일왕 히로히토裕仁(1901~1989년)의 연호로, 그가 재위했던 시대를 가리킨다.

찾아가기 전에 미리 점찍어둔 메뉴가 있었다. 바로 오키나와의 소
울푸드 '고야찬푸루'였다. 다른 음식을 하나 더 고르려니 메뉴가
퍽 다양했다. 오키나와 소바, 도후(두부)찬푸루, 후찬푸루麩チャンプ
ルー[29] 같은 향토음식을 비롯해 오야코동親子丼(닭고기 달걀 덮밥), 오
므라이스, 차항チャーハン(일본식 볶음밥) 등 일본 본토 음식도 먹을 수
있다. 오키나와 소바는 다른 곳에서 먹을 계획이었기 때문에 주인

---

29) 후麩는 빵처럼 생긴 밀가루 가공식품으로 중국에서 전래된 것이다. 일본에서는 국물 요리에 많이 넣
는데, 오키나와에서는 볶음요리 식재료로 활용된다.

에게 메뉴 추천을 부탁했다.

"우리 가게는 다 맛있어서 하나만 집어서 추천할 게 없어요. 뭘 먹어도 최고예요."

자신감이 대단하다. 맛도 그랬으면 좋겠다. 그런데 메뉴를 들여다보다가 신기한 걸 발견했다. 야키소바 옆에 '야키소바 케첩焼きそば ケチャップ'이 적혀 있다. 야키소바야 일본 이자카야에서 흔히 먹는 음식이지만, 야키소바 케첩이라니? 물론 케첩을 넣은 일본식 면 요리가 존재하지 않는 건 아니다. '나폴리탄 스파게티'가 그것이다.[30] 이름만 보면 이탈리아 음식 같은데 실은 일본에서 탄생한 음식이다. 주인에게 야키소바 케첩이 나폴리탄 스파게티인지 물었다. 아니란다. 야키소바 케첩은 오키나와에서 개발된 음식으로, 미군정 시대에 들어온 케첩이 오키나와에서 일찌감치 친숙한 소스로 자리 잡은 뒤 현지인들이 집에서 간단히 해 먹는 음식이라고. 역사가 흥미로운 음식이기도 하거니와 "외국 손님들도 맛있게 먹는다"는 말에 야키소바 케첩을 주문했다.

나하야는 주인장인 가오루 씨 혼자 음식을 만들고, 손님에게 내놓고, 계산까지 하는 1인 가게다(여유가 있을 땐 주변에 배달까지 직접 다

---

30) 스파게티면에 양파, 피망, 햄 등을 넣고 케첩을 뿌려 볶은 음식. 2차대전 직후 요코하마의 뉴그랜드호텔 레스토랑에서 일하던 주방장이 미군 병사가 가져온 케첩을 활용해 개발한 음식으로 알려져 있다.

고야찬푸루(위)와 야키소바 케첩(아래). 둘 다 싸고 푸짐하고 맛있다.

난단다). 그래서인지 음식이 나오기까지 시간이 좀 걸렸다. 기다림 끝에 먼저 나온 건 야키소바 케첩이다. 재미있게도 면 위에 스팸 한 조각이 고명으로 올려져 있다. 이 역시 미군정 시절 식문화가 남긴 흔적이리라. 한국의 찌개와 미국의 군용식이 만나 탄생한 부대찌개가 떠오르는 순간이다. 김이 모락모락 나는 면을 한 젓가락 집어 들자, 본토의 가는 야키소바 면과 달리 폭이 넓다. 꼭 페투치네나 칼국수처럼 도톰한 생김새가 먹음직스럽다. 면 사이사이로는 양배추, 양파, 당근 등 푸짐한 채소에, 과연 오키나와 음식답게 큼지막한 돼지고기 삼겹살까지 보인다.

면을 입안에 넣기도 전부터 케첩 향이 침샘을 자극했다. 돼지기름에 볶아 고소한 향도 났다. 야무지게 볶았는지 면은 쫄깃쫄깃. 씹을수록 케첩 특유의 새콤달콤한 맛만이 아니라 뭐라 설명하기 어려운 감칠맛이 혀 위에 맴돈다. 중독성 강한 맛에 젓가락을 내려놓기가 힘들 정도였다(이 글을 쓰고 있는 지금도 그 향과 맛을 생각하면 침이 고인다). 나중에 물어보니, 볶을 때 면 삶은 육수를 붓는 게 비결이라고 했다. 케첩만으로는 절대로 그 오묘한 풍미를 낼 수 없다는 것이다. 된장찌개나 김치찌개를 끓일 때 쌀뜨물을 넣으면 되직한 식감과 구수한 맛이 살아나는 것과 같은 이치인가 보다. 곁들여 나온 미소시루味噌汁(일본식 된장국)와 무절임 오카즈おかず(밑반찬)의 개운함도 야키소바와 균형을 잘 이뤘다.

이어 오키나와에 오기 전부터 고대했던 고야찬푸루가 나왔다. 야키소바 케첩과 마찬가지로 미소시루와 오카즈가 곁들여지는데, 여기에 수북이 담긴 흰 쌀밥이 함께 나왔다. '일본 음식' 하면 떠오르는 많지 않은 양, 섬세한 맛, 정갈한 담음새 등은 오키나와 음식에는 해당되지 않는 듯하다. 그야말로 집밥 같은 모양새인데, 양도 푸짐하다. 평소 씀바귀나 달래 같은 쓴맛 나는 나물을 좋아하는 터라, 찬푸루에 듬뿍 들어간 고야(여주)의 씁쓸한 뒷맛이 매력적이었다. 아이들이 썩 좋아할 것 같지는 않다. 물론 고야를 골라내면서 먹는 방법도 있긴 하지만, '초딩 입맛'에는 후찬푸루가 더 낫겠다 싶다(가오루 씨 역시 고야 맛을 낯설어하는 외국인 손님들은 후찬푸루를 더 선호한다고 했다). 주재료인 고야와 함께 돼지기름에 달달 볶인 달걀과 돼지고기가 고소한 맛으로 입맛을 돋우는 한편, 아삭아삭한 식감이 살아 있는 채소는 청량감을 준다. 야키소바에 스팸이 올라갔듯이, 고야찬푸루에는 햄이 들어간다. 이 역시 미군정 시대의 흔적이리라. 햄이 짭짤하기는 하지만 전체적으로 담백해 야키소바 케첩과는 또 다른 개성을 뽐낸다. 쌀밥에 반찬 삼아 먹으니 궁합이 좋다.

이렇게 두 음식을 배불리 먹었는데도 1,150엔이 나왔다. 야키소바 케첩이 550엔, 고야찬푸루는 600엔이다. 다른 메뉴도 400~700엔 정도이니 상당히 저렴한 편이다. 맛있고 푸짐한데 저

何があっても、へこたれない それが沖縄の心意気!!

나하야 주인인 다마키 가오루 씨.

렴하기까지 한 음식은 어디서나 환영받게 마련이다. 시골마을의 작은 가게가 백 년 노포로 자리매김한 데에는 다 이유가 있었다.

식사를 마치고 가오루 씨에게 100년 넘게 이어져온 나하야의 이야기를 듣고 싶다고 청하니 금방 흔쾌한 대답이 돌아왔다. 다만 가게를 혼자 운영해 손님이 오면 중간중간 자리를 떠야 한다며 양해를 구했는데, 정말로 대화를 나누다 보니 오후 4시가 넘었는데도 동네 주민들이 식사를 하러 들어오곤 했다. 우리가 가게를 나서기 전에는 근처 회사에서 저녁식사 단체 주문 전화도 걸려왔다. 현지인 단골이 퍽 많은 듯했다.

앞서 말했듯이 나하야는 1912년 가오루 씨의 증조부인 다마키 야지로玉城矢次郎가 창업했다. 하지만 처음부터 이름이 '나하야'였던 것은 아니다. '마루야 음식점丸屋飲食店'이라는 이름으로 문을 열었다가 식당을 이전하면서 '대중식당 다마키大衆食堂 玉城'로 이름을 바꿨다. 도쿄의 한 호텔에서 일하던 가오루 씨가 3대 점주인 어머니 유키코幸子(90세의 노령임에도 여전히 손님이 많을 땐 식당 일을 돕는다고 한다) 씨의 뒤를 이어 가게를 꾸리기 시작한 건 1980년. 모자가 함께 운영하면서 지금의 '나하야'로 개명했다.

식당 이름을 '나하야'로 정한 건 이웃들이 다마키 집안을 '나하 사람'이라 부른 데서 비롯됐다. 가오루 씨의 선조는 원래 나하 지역 출신인데, 1430년 류큐왕국이 통일된 직후 북부의 물자 운반

위는 대중식당 다마키 시절의 가게 사진(1957년)이고, 아래는 마루야 음식점 시절의 가게 사진이다.

업무 담당자로 나키진성에 파견되면서 이곳으로 이주했단다. 때문에 집안 대대로 '나하 사람'이라는 별명이 붙었다는 것이다. 그렇다면 왜 'なーは一屋'인 걸까? 일본어를 한글로 표기할 때 장음은 무시하기 때문에 '나하야'라고 썼지만, '나な'와 '하は' 뒤에 붙어 있는 'ー'는 길게 발음한다는 표시다. 가오루 씨가 말하기를, 나하를 '나아화아'라고 발음하는 지역 사투리를 반영한 것이란다.

창업 당시 나키진촌 일대에는 가스도, 전기도, 수도도 없었다. 산에서 나무를 베어다 불을 땠고, 우물에서 물을 길어다 요리했다. 당시 찍은 가게 사진을 보니, 나하야(당시에는 마루야 음식점이었겠지만)를 비롯해 옛식 기와집이며 건물이 몇 채 서 있는데, 이들 주변을 둘러싼 것은 온통 숲이다. 메뉴도 지금과는 전혀 달랐다. 20세기 초 나키진촌에는 쌀이나 국물 요리가 없었고, 대신 고구마로 만든 음식을 팔았단다(앞서 살펴본 것처럼 고구마는 오키나와 사람들의 오랜 주식이었다).

이 마루야 음식점이 잠시 문을 닫은 것은 1945년, 오키나와전이 발발해 가족 모두가 일본 본토로 피난을 가면서였다. 전쟁이 끝난 뒤 '대중식당 다마키'로 다시 문을 연 식당은 이때부터 고야찬푸루나 오키나와 소바 같은 음식을 팔기 시작했다. 참고로 이곳뿐 아니라 미군정 통치하의 전후 부흥 과정에서 오키나와 곳곳에는 오키나와 소바 가게들이 속속 들어섰다. 미군의 원조물자였던 밀가루가 쌀보다 구하기 쉽기도 했지만, 전쟁 중 남편을 여읜 과부들이 생계를 위해 국수 장사에 뛰어드는 경우가 급증했기 때문이다.

다마키 씨는 쾌활한 성격에 입심도 대단해 대화 내내 즐거웠다. 진중한 표정으로 가게의 역사를 설명 중인 그에게 카메라 렌즈를 들이대자 갑자기 "히히힛!" 하고 소년처럼 장난스럽게 웃기도 했다. (이 얘기는 싣지 말아달라고 신신당부했지만) 아내가 일찍 세상을 뜨고 독신생활을 오래했다면서, 혹시 좋은 인연이 생길지도 모르니 잘 나온 사진을 써달라고 진담 같은 농담을 던지기도 했다.

화기애애한 인터뷰를 마치고 계산한 뒤 나오려는데, 다마키 씨가 "잠깐, 부탁이 있어요"라며 종이 한 장을 내민다. 일본어 메뉴 옆에 한글로 음식 이름들이 적혀 있다. 한국 손님들을 위해 한국어 메뉴판을 준비 중인데, 틀린 게 없는지 확인해달라는 부탁이었다. 동글동글 예쁘게도 쓴 한글 글씨체가 꼭 여자아이 필체 같다. 이걸 누가 써줬냐고 물으니 딸이 적어준 것이란다. 딸이 도쿄에서 영양사로 일하는데, 빅뱅을 (콘서트 투어를 따라다닐 정도로) 좋아해 한국어 공부를 열심히 하고 있단다. 다른 건 다 올바르게 썼고, 딱하나만 틀려 고쳤더니 연신 고맙다며 기뻐했다. 작별인사를 건네고 문을 나설 때, 그는 딸이 빅뱅 콘서트를 보러 한국에 가면 따라갈 테니 서울에서 또 만나자며 손을 흔들었다.

나하야

주소: (〒905-0401) 沖縄県 国頭郡 今帰仁村 仲宗根 278

영업시간: AM 10:30 ~ PM 7:00 (재료 소진 시 영업 종료)

정기휴무: 일요일

전화번호: +81) 980-56-2343

맵코드: 553 057 281*25

주차장: 있음 (가게 앞 2~3대, 건너편 주차장도 이용 가능)

신잔소바

新山そば(1923~)

신잔소바는 오키나와 본섬 북부의 중심 도시인 나고名護시 시내에 있다. 나고는 서쪽의 나고만名護湾, 동쪽의 오우라만大浦湾, 북쪽의 하네지나이해羽地内海 등 세 면이 바다를 접하고 있는, 본섬에서는 비교적 넓은 도시다. 해변에는 호텔이나 리조트가 많이 세워져 있으며 나고 파인애플 파크ナゴパイナップルパーク, 네오파크 오키나와ネオパークオキナワ 등의 관광지와 다수의 골프장, 나고성터名護城跡 등이 있다. 한편 동쪽에는 헤노코辺野古 미군기지가 상당히 큰 면적을 차지하고 있다.

나고는 프로야구 팬들에게는 겨울철 연습경기 소식을 통해 익숙해진 지명이다. 한겨울에도 비교적 따뜻한 오키나와는 일본 프로야구단의 전지훈련지로 유명한데, 나고시영구장이 홋카이도 닛폰햄 파이터스의 스프링캠프 장소다. LA에인절스에서 활약 중인 괴물투수 오타니 쇼헤이大谷翔平가 2018년 메이저리그에 진출하기 전까지 몸담았던 팀이 바로 닛폰햄이다. 이 구장에서는 겨울에 오키나와로 전지훈련을 간 한국 프로야구팀과 닛폰햄의 연습경기가 열리곤 했다. 2017년에도 삼성 라이온즈가 경기를 치렀다.

어쨌든 나고 시내의 분위기는 번화가인 나하와는 사뭇 다르다. 꼭 시골 읍내 같다. 나지막한 낡은 건물들 사이로 난 인적 드문 거리를 헤맨 끝에 신잔소바 주변에 다다랐다. 가게가 후미진 골목에 있어 내비게이션만으로는 찾기가 어려웠다. 차를 잠시 세워두고 내려서 이리저리 둘러보는데, 널찍한 주차장이 있길래 들어가봤다. 회색 기와로 덮인 건물 뒤편이다. 일하다 잠시 쉬는 중인 듯 두건을 동여매고 앞치마를 두른 채 간이의자에 앉아 있던 한 아저씨가 두리번거리는 날 보더니 대뜸 "어디 찾아요?" 묻는다. 신잔소바를 찾는다고 답하자 "여기예요. 차로 왔으면 여기 주차해요"라고 한다. 아무래도 우리처럼 근처까지 와서 우왕좌왕하는 방문객이 많은 모양이다.

신잔소바는 1923년 개업해 100년 가까이 영업 중인 오키나와 소바 전문점이다. 지금 자리에서 (오키나와전 시기를 제외하고는) 쭉 장사해왔고 건물만 개축됐다. 야마노하山入端라는 사람이 창업했는데, 원래는 과자점을 열었다가 1년 반 만에 소바 가게로 업종을 바꿨다고 한다. 앞서 오키나와에서는 돼지고기를 즐겨 먹었다고 썼지만, 그렇다고 해서 돼지가 아주 흔한 식자재였던 것은 아니다. 라후테와 오키나와 소바가 궁중요리였던 데서 보듯이 돼지고기는 왕실이나 호족 집안에서나 일상적인 음식이었고, 서민 가정에서는 설이나 규봉旧盆[31] 등 명절에야 먹는 특식이었다. 사람들이 평상시에도 맛있는 돼지고기를 자주 먹을 수 있으면 좋겠다고 생각했던 야마노하는, 국수 위에 돼지고기를 얹어 먹는 오키나와 소바 가게를 차렸다.

물론 당시의 오키나와 소바는 지금처럼 두툼한 삼겹살 조림, 가마보코蒲鉾(어묵), 베니쇼가紅しょうが(일본식 생강절임) 등 고명이 실하게 올려진 면 요리가 아니었다. 앞서 설명했던 돼지갈비가 올라간 소키 소바 역시 1972년 오키나와가 일본에 재편입된 이후 본토에서 온 관광객이 늘면서 개발된 메뉴다. 처음에 오키나와 소바는 돼지뼈를 푹 고아 기름기가 둥둥 뜬 육수에 간장을 잔뜩 풀어 새카맣고 무척 짠 국물에 국수, 얇게 저민 돼지고기, 파만 넣은 단순

31) 음력 7월 15일의 오키나와 명절. 한국의 추석과 비슷한 성격을 띤다.

한 형태였다. 지금처럼 이런저런 고명이 곁들여지기 시작한 건 시간이 흘러 오키나와 소바 가게들이 생겨나고, 이들이 경쟁을 벌이면서였다. 그럼에도 저가 밀가루가 들어오기 전, 즉 미군정 시대 이전까지 오키나와 소바는 부자들이나 자주 먹을 수 있는 고급 음식이었다고 한다. 소바 가게도 지금처럼 흔하지 않았다.

가게 이름이 어째 특이하다 싶었는데, 사연이 있었다. 창업자 야마노하루 당시 '아라가키新垣버스'라는 오키나와 운송업체에서 일하며 큰돈을 벌었다고 한다. 아마도 그 돈으로 가게를 열었을 텐데, 때문인지 회사 이름에서 '新'을, 자기 이름에서 '山'을 따 '신잔식당'이라는 이름을 붙였다. 이후 소바 전문점임을 강조하기 위해 '신잔소바'로 이름을 바꿨단다.

나하야도 그랬지만, 신잔소바 역시 외관이 소박하다. 건물 측면은 푸른 정원수들로 싱그럽게 덮여 있다. 출입구는 두 군데 있는데, 측면의 후문이 주차장과 바로 연결된다. 정문이 궁금해 건물 앞으로 가보니 짙은 감색 바탕에 하얀 붓글씨로 커다랗게 '신잔소바新山そば'라 적힌 나무 간판이 걸려 있다. 그 아래로는 간판과 색을 맞춘 노렌暖簾(일본 상점 앞에 내걸린 천)이 바람에 하늘거린다. 간판 왼쪽에는 작은 기와집 모양의 나무 전등이며 시사シーサー 머리 두 개가 새겨진 부조 장식품이, 오른쪽에는 도자기로 만든 시사 머리 장식품이 달려 있다. 외벽은 세월의 흔적으로 군데군데 얼룩

시사는 오키나와 건물 지붕이나 대문 옆에 서 있는 사자상을 말한다. 악마나 액운을 쫓아준다고 한다. 보통 암수 한 쌍을 설치하는데, 입을 벌린 쪽이 수컷, 입을 다문 쪽이 암컷이다.

져 있었지만 관리를 잘한 듯 금이 가거나 부서진 곳 없이 다부져 보였다.

가게 안은 허름한 기사식당 느낌이다. 멋부리지 않고 심플하게 합판만 이어 붙인 내벽에는 맛집임을 인증하듯 유명인들의 사인이며 오키나와 여행 홍보 포스터가 잔뜩 붙어 있다. 오래된 가게에서 종종 볼 수 있는 '복록수福祿壽',[32] '천객만래千客萬來'[33] 등 번창을 기원하는 문구가 담긴 액자들도 걸려 있다. 한편에는 입식 자리가, 다른 한편에는 단을 올린 마루에 다다미를 깐 좌식 자리가 있는데, 마루 옆에는 웬 자판기가 서 있다. 식권자판기였다. 식권자판기에 돈을 넣어 식권을 뽑은 뒤 주방 앞의 주문 창구에 들이밀어 접수하면 테이블로 음식을 가져다준다. 들여놓은 지 오래된 듯 낡고 색이 바랜 기계는 안타깝게도 한국어 서비스를 제공하지 않았다. 영어도 없다. 벽에 붙은 메뉴판도 마찬가지다.

그렇지만 메뉴가 아주 많지는 않으니 일본어를 못 해도 상관없다. 뒤에 'そば'가 붙는 것은 전부 국수다. 식권자판기에서 맨 윗줄에 적힌 것은 왼쪽부터 신잔소키 소바, 오키나와 소바, 산마이니쿠三枚肉(삼겹살) 소바, 데비치てびち(돼지족발) 소바, 야사이野菜(채소)

---

32) 중국 도교道敎 신앙에서 비롯된 말로, 복福과 녹祿과 수명壽을 통틀어 일컫는 말.
33) 많은 손님이 끊이지 않고 찾아온다는 말.

소바다. 가운데 줄은 왼쪽에서부터 차례로 소바정식そば定食, 소바 세트そばセット, 후치바フーチバー(쑥) 소바, 와카메わかめ(미역) 소바, 야키소바다.

맨 아래칸에 있는 것은 사이드 메뉴다. 왼쪽이 주시ジューシー(자판기에는 じゅうしい라 표기돼 있다), 그다음은 이나리いなり(유부초밥), 세 번째가 오모리大盛(곱배기), 맨 오른쪽은 오키나와에서 만들어지는 오리온 맥주オリオンビール다. 주시는 밥에 다진 돼지고기, 채소 등을 넣고 양념과 함께 비벼 먹는 음식이다. 설명만 보면 비빔밥을 떠올리기 쉽지만 재료를 워낙 잘게 다지기 때문에 언뜻 보기에는 (모양잡지 않은) 주먹밥 같다.

우리는 주인에게 추천을 부탁해 데비치 소바에 회, 주시가 함께 나오는 소바정식(900엔) 하나, 식당 이름을 내건 신잔소키 소바(700엔) 하나를 주문했다. 점심때가 조금 지난 오후 2시였지만 손님이 제법 있었다. 외국인은 없고, 정장 차림의 회사원이나 일본인 관광객들이었다. 나중에 물어보니 한국, 중국, 타이완, 필리핀, 호주 등 여러 나라에서 손님이 찾아온단다. 서글서글하게 메뉴를 추천해주고 음식을 가져다준 사람은 데라다 히코카즈寺田彦和 씨, 아까 주차 안내를 해준 사람이기도 했다. 아내인 데라다 이쿠코寺田郁子 씨는 주방을 맡아, 부부가 가게를 함께 꾸려나가고 있다. 원래는 이쿠코 씨 혼자 아르바이트 점원 한 명을 두고 운영해왔는데, 히

코카즈 씨가 정년퇴직한 뒤로 가게 일을 돕기 시작했단다.

많은 노포가 부모로부터 자식에게, 자식으로부터 또 그 자식에게로 옮겨 가면서 가업으로 운영되는 것과 달리, 3대 점주인 이쿠코 씨는 창업자인 야마노하의 친족이 아니다. 야마노하에게는 신잔소바를 물려줄 후계가 없었다. 가게에서 일하던 히코카즈 씨의 어머니가 1973년에 가게를 이어받았고, 다시 며느리인 이쿠코 씨에게 계승됐다.

어쨌든 금강산도 식후경. 음식이 나왔다. 데비치 소바와 신잔소키 소바는 쇠고깃국처럼 투명한 국물에 고불고불한 히라멘平麺(납작하고 가는 국수)이 담겨 있다. 매듭지어 묶은 다시마와 가마보코(어묵) 한 조각이 올라간 점도 똑같다. 둘을 구분하는 건 돼지고기 고명이다. 과연 돼지족발 소바라는 이름대로, 데비치 소바에는 뼈의 단면이 고스란히 드러난 동그란 족발이 들어 있다. 심지어 껍질까지 붙어 있다. 반면 신잔소키 소바에는 돼지갈비살이 올려져 있다.

국수에 앞서 국물부터 맛봐야 한다. 맑고 개운한 국물을 상상했는데, 뜻밖에도 진한 맛이 난다. 그도 그럴 것이 돼지뼈 등을 8시간이나 푹 고아낸 육수란다. 자세히 보니 국물 위에 기름기가 돈다. 돼지뼈와 돼지고기에서 우러난 묵직한 구수함에 다시마와 가쓰오부시로 개운함을 보탰다. 더운 지방 음식답게 간은 세다. 국

우리가 먹은 소바정식과 신잔소키 소바.

물만 떠먹었을 때는 너무 짜고 진하다는 느낌이었는데, 국수 가락을 함께 먹으니 조화가 이뤄진다. 고불고불하면서도 판판한 국수는 적당히 익혀져서 씹는 맛이 좋았다. 돼지갈비살(소키)은 표면이보들보들하면서도 속살은 탄력 있었고, 간장에 조려 짭조름했다. 돼지족발(데비치)은 돼지고기 특유의 향이 살짝 났는데 뼈를 씹어보니 연골처럼 흐물흐물하다. 장시간 정성 들여 끓인 티가 역력했

테이블 한편에 놓인 양념들. 맨 오른쪽이 고레구스인데, 병 아래쪽에 현지 고추인 시마토가라시가 깔린 것이 보인다.

다. 정식에 딸려나온 회(붉은 참치살 두 점, 문어숙회 두 점이 나왔다)는 신선했고, 그릇 가득 채워져 나온 주시도 간간하니 맛있었다. 소바 고명은 아내나 나나 향이 강한 데비치보다는 신잔소키 쪽이 입맛에 맞았다.

정신없이 먹고 있는데 주인이 다가오더니 테이블 위에 놓인 병 하나를 건넨다.

"한국 사람들은 매운맛을 좋아하죠?"

뭔가 싶어 보니 고레구스コーレーグス[35]라는 오키나와 전통 조미료다. 오키나와 전통주인 아와모리에 고추를 넣어 매콤한 맛을 낸 양념으로, 오키나와 소바 음식점에 가면 어김없이 탁자 위에 놓여 있다. 고레구스를 반 스푼 넣어 먹어보니 기름 맛은 싹 사라지고 칼칼한 게 훨씬 맛있다. 오키나와 소바 국물이 느끼하게 느껴진다면 고레구스를 섞어 먹는 걸 강력 추천한다.

식사를 마친 뒤 주인에게 신잔소바의 역사를 듣고 싶다고 청했다. 마침 손님들이 다 나가 한가로이 앉아 있던 데라다 씨 부부가 우리 테이블로 옮겨 와 함께 대화를 나눴다. 그런데 뜻밖의 이야기가 흘러나온다. 예전과는 조리법도, 소바 국물 맛도 사뭇 달라졌다는 것이다. 가장 큰 변화는 오키나와가 미군정에서 벗어나 일본에 재편입된 1972년 직후에 생긴다.

미군정 시절, 신잔소바를 찾는 이들은 지역 주민 등 현지인 중심이었다. 오키나와 사람들은 돼지기름이 듬뿍 든 음식을 선호해서 당시에는 지금보다 국물이 훨씬 기름지고 맛도 진했단다. 그런데 오키나와가 일본에 재편입되면서 중대한 변화가 일어난다. 미

---

35) 시마토가라시島とうがらし라고도 불린다. 이는 양념 명칭이기도 하지만, 고레구스 양념에 들어가는 고추의 이름이기도 하다.

군정 시절에는 일본인이 오키나와를 오가려면 여권을 소지해야 했다(오키나와는 그야말로 미국의 속국이었던 셈이다). 하지만 재편입 이후로는 그럴 필요가 없어졌고, 일본 본토 관광객들이 대거 몰려들기 시작했다. 외지인 손님 비중이 커지면서 신잔소바는 딜레마에 빠졌다. 담백한 일식 맛에 길들여진 본토 관광객들은 돼지기름이 둥둥 뜬 오키나와 소바를 "비위 상해 못 먹겠다"며 남기는 경우가 수두룩했다. 이에 히코카즈 씨의 어머니(2대 점주)는 국물 농도를 연하게 낮추고 다시마 등을 넣어 개운한 맛을 냈다. 본토 관광객들은 이렇게 희석된 오키나와 소바를 좋아했지만, 정작 현지 주민들은 "맛이 변했다"며 발길을 뚝 끊어버렸다. 결국 국물 맛을 바꾼 뒤 동네 단골들의 외면 속에 2~3년간 고전을 면치 못했단다.

이런 고민을 신잔소바만 했던 건 아닌 모양이다. 다른 가게들 중에는 제각각인 손님 입맛에 맞춰 '담박한 맛あっさり系'과 '진한 맛こってり系'의 두 가지 국물을 모두 준비해서 판매하는 곳도 있을 정도라고 한다. 향토음식이니 현지인 입맛을 놓쳐서는 안 된다. 하지만 오키나와는 내수만으로는 살아남을 수 없는, 근현대 이후 경제의 외부 의존도가 너무나도 높아진 지역이었다. 주민들은 휴가 나온 미군 병사들 혹은 외지에서 찾아온 관광객들이 쓰는 돈을 끌어들이는 게 절실했다.[36] 전통을 지키는 것도 중요하지만, 가게 문을 닫지 않고 살아남기 위해서는 변화를 받아들이지 않을 수 없었

신잔소바 주인인 데라다 히코카즈(왼쪽), 이쿠코 씨 부부.

다. 신잔소바는 돼지기름 비율의 적당량을 맞추는 과도기를 거쳐 현지인 입맛과 외지인 입맛 사이에서 타협점을 찾아냈다. 그 결과, 가게가 존속될 수 있었다.

국수 두 그릇과 회, 주시를 남김없이 먹고 가게를 나섰다. 주차장까지 배웅을 나온 히코카즈 씨가 "잠깐만요" 하고 불러세우더니 가게 옆 정원수에 달린 열매 몇 개를 딴다. 껍질이 파릇한 게, 생김새는 꼭 청귤 같다. 시콰사ㅡㅅㅋㅜꜞ-ㅅㅏ[37]라는 오키나와 특산물이란다. 이름부터 시큼한 느낌인데, 아니나 다를까 오키나와 말로 '시ㅅㅣ'는 '시다'라는 뜻이라고. 히코카즈 씨는 "농약 한 번 뿌리지 않고 키운 거예요. 비타민C가 듬뿍 들었으니 먹어봐요"라며 열매를 우리 손에 쥐어줬다. 인사를 나눈 뒤 차에 올라타 다음 행선지로 향하며 만만치 않아 보이는 시콰사의 껍질을 깠다. 새콤한 내음이 차 안에 확 퍼졌다. 조심스레 입에 넣으니 역시나 "으앗!" 하고 비명이 터질 정도로 시디시다. 자극적인 과즙에 혀가 살짝 아리긴

---

36) 일본 반환이 이뤄진 1972년 오키나와 GDP 중 미군 관련 소득 비율은 15.5%, 관광 수입 비율은 6.5%였는데, 2018년에는 미군 관련 소득이 5.3%, 관광 수입이 13.8%로 나타났다. 지역 경제에서 관광 수입이 차지하는 비율은 일본 전국 평균보다 약 3배 높은 반면, 오키나와의 제조업 비율은 전국 평균의 4분의 1 수준에 그치는 등 관광산업 편중이 심하다. 또한 현민 1인당 소득도 전국 평균의 70% 수준으로 최하위에 속한다.

37) 감귤류에 속하는 과실로 일본 본토에서는 히라미 레몬ㅎㅣㄹㅏㅁㅣㄹㅔㅁㅗㄴ이라 부른다. 과즙을 주스로 가공해 마시거나 우동 등 국물 요리에 첨가한다. 오키나와 마트에 가면 다양한 종류의 시콰사 주스, 과자 등을 살 수 있다.

했지만 여행의 피로가 싹 가신다. 기름기 많은 오키나와 소바를 먹고 난 뒤 후식으로서도 제격. 고레구스 못지않게 반가운 개운함이었다.

신잔소바

주소: (〒905-0016) 沖縄県 名護市 大東1丁目 9-2
영업시간: AM 10:00 ~ PM 6:00
정기휴무: 없음
전화번호: +81) 980-53-3354
맵코드: 206 628 136*28
주차장: 있음

기시모토식당

きしもと食堂 (1905~)

본섬 북서부 모토부本部정에 자리한 기시모토식당은 추라우미 수족관을 오갈 때 오키나와 소바를 먹기 딱 좋은 장소다.[38] 가게는 수족관이 생기기 한참 전인 1905년에 개업했다. 창업주는 기시모토 오미토岸本オミト라는 사람으로, 그의 성을 따서 가게명이 '기시모토식당'이라 지어졌다. 4대째를 맞은 현재 본점과 분점 두 곳을

---

38) 추라우미 수족관에 대해서는 195쪽을 참조할 것. 기시모토식당 본점과 추라우미 수족관은 자동차로 10분 이내 거리다.

운영 중이며, 분점인 야에다케八重岳점도 모토부정에 자리한다. 본점이 워낙 작아서 멀지 않은 곳에 더 큰 분점을 냈다(점주는 분점에서 일한다고 한다). 우리는 당연히 노포 분위기가 충만한 본점을 찾았다.

가게는 도구치渡久地 항구에 인접한 모토부정영시장本部町営市場 골목 안에 있다. 식당에서 관리하는 주차장이 있지만, 우리는 시장 옆 주차장(무료였다)에 차를 대고 주변을 구경했다. 시장도 그렇고 주변 골목 풍경도 그렇고 '레트로' 그 자체다. 단연 눈길을 사로잡는 건 목조 기와 건물인 '나카소네 스토아仲宗根ストアー'다. '스토아'(스토어store의 일본식 발음 표기)에서 짐작할 수 있듯 식료품, 공산품 등 다양한 상품을 취급하는 시골 편의점이다. 오키나와를 여행하면서 붓글씨 간판에는 제법 익숙해졌지만, 도대체 얼마나 옛날 것인지 가늠조차 안 되는 나무 외벽과 창문은 신기함을 넘어 놀라울 정도였다.

기시모토식당은 나카소네 스토아와 맞붙어 있었다. 낡고 아담한 건물이 골목 풍경과 잘 어울린다. 회색 시멘트 기와와 미색 외벽에는 칠이 벗겨지거나 세월의 때가 누덕누덕 앉은 곳이 많다. 출입구 왼편에 붙어 있는 검붉은 우편함은 잔뜩 녹슬어서 곧 부서져 내릴 듯했는데, 그 아래에는 생뚱맞게 세면대가 놓여 있다. 딱히 모양을 낸 것도 아니고, 공중화장실에 있을 법한 세면대다. 누가 쓰기나 할까 싶은데, 한쪽에 물비누 병이 놓여 있고 세면대 안

도구치 골목의 랜드마크인 나카소네 스토아. 낡은 목조 상점이 서 있는 풍경을 보고 있자니 시간여행을 하는 느낌이다.

쪽에는 물기가 남아 있었다. 식사 전후에 손을 씻는 용도가 아닌 가 싶다.

바깥 풍경도 그랬지만, 실내 역시 나하야나 신잔소바처럼 투박하고 예스러운 멋이 있다. 합판 벽에는 (당연히) 사인 액자가 한가득 걸려 있다. 테이블석도 있고 다다미 깔린 마루도 있는데, 공간이 무척 좁았다. 분점을 괜히 낸 게 아니었다. 우리가 들어갔을 땐 중국인 관광객만 세 팀 있었는데, 성수기에는 가게 앞으로 줄이 길게 늘어서서 1시간 넘게 기다려서 먹어야 한단다. 여행 가이드북에도 자주 소개되어 한국인 관광객들이 추라우미 수족관을 오갈 때 많이 찾는 식당이다.

기시모토식당 오키나와 소바의 가장 큰 특징은, 간판에 자랑스레 적은 것처럼 '데우치手打ち 소바'(손으로 반죽한 국수)라는 점이다. 옛 방식으로 직접 면을 뽑는다고 한다. 메뉴는 소바(大 700엔, 小 550엔)와 주시(300엔)가 전부다. 주시는 하루 100그릇만 만들기에 늦게 가면 다 팔리고 없다.

우리는 '소바 小'를 주문했는데, 가격에 비해 양이 적지 않다. 이곳 국물은 쇠고기뭇국처럼 맑은 국물을 냈던 신잔소바와 달리 갈색을 띤다. 한 숟갈 떠먹어보니 빛깔만큼이나 농도가 짙고 신잔소바보다 간이 더 세다. 가쓰오부시를 많이 넣어서인지 오키나와 소바 특유의 구수한 돼지뼈 육수보다 일본 우동 국물 맛에 가깝다.

기시모토 식당의 오키나와 소바.

국물이 짜기는 해도 국수랑 함께 먹으니 잘 어우러진다. 고명으로 올라간 돼지갈비 역시 장조림처럼 짭짤했다. 면은 살짝 덜 익힌 감이 있는데, 난 국수 심이 살아 있도록 덜 삶은 걸 즐기는 편이라 괜찮았다. 어쨌든 직접 가게를 찾아가 먹어본 감상은 '관광지 음식점'의 느낌이 짙다는 것. 돼지기름을 팍팍 넣어야 오키나와 소바로 여겼다는 현지인들의 반응은 과연 어떨지 궁금해졌다.

기시모토식당 본점

주소: (〒905-0214) 沖縄県 国頭郡 本部町 渡久地 5
영업시간: AM 11:00 ~ PM 5:30
정기휴무: 수요일
전화번호: +81) 980-47-2887
맵코드: 206 857 711*74
주차장: 있음

백 년 식당의 장사철학

百年食堂の商売哲学

관광산업에 대한 의존도가 높기 때문이기도 하겠지만, 오키나와
는 일본의 다른 지역에 비해 음식점 개업·폐업률이 높다고 한다.
가게들이 많이 생겨나고 또 많이 사라지는 것이다. 이는 전통을
고수하며 명맥을 이어가는 노포가 나오기 힘들다는 말이기도 하
다. 오키나와 근현대는 소테쓰 지옥, 오키나와전, 미군기지 강제
설치 등 혼란과 고난으로 뒤범벅된 역사였다. 진득하게 장사할 형
편이 아니었으니 백 년 노포의 탄생은 불가능에 가까웠다. 일제
강점기, 한국전쟁 등을 겪은 한국에 100년은커녕 50년을 넘긴 노

포가 드문 것만 봐도 알 수 있는 일이다. 그런데 그 속에서도 나하야나 신잔소바처럼 묵묵히 백 년 장사를 이어온 가게들이 있다니, 이들을 찾아가기로 정했을 때 가장 궁금했던 것이 바로 장수 비결이었다.

나하야 점주 다마키 가오루 씨는 그 비결을 '인간력人間力'에서 찾았다. 그는 나하야까지 일부러 찾아온 손님들을 맞고, 정성 들여 만든 음식을 내놓고, 손님들이 흡족한 얼굴로 돌아가는 모습을 보면 사람과 사람의 마음이 서로 통할 때 생겨나는 힘이 느껴진다면서, 그런 힘을 '인간력'이라고 말했다. 아울러 도시의 큰 음식점보다 시골 마을의 작은 음식점을 운영하는 데 더 큰 자부심을 느낀다고 했다. 그런 자부심으로 손님들을 위해 좋은 식재료를 쓰는 등 음식에 최선을 다한다는 것이다. 가오루 씨는 '완벽한 준비'야말로 자신의 제1원칙임을 강조했다. 예전에 정부에서 도로를 낸다며 두둑한 퇴거 보상금을 내민 적도 있지만 거절했다는 이야기를 하면서, 인생에서 돈도 중요하지만 나하야 주인으로서 돈으로 살 수 없는 소중한 인간력을 포기할 수 없었기 때문이라고 말했다. 그야말로 일본 장인이 할 수 있을 법한 이야기가 아닌가 싶다.

그런가 하면 신잔소바의 데라다 부부는 '국물에 대한 신념スープのこだわり'을 꼽았다. 100년 가까이 장사해오면서 오키나와 소바에

단 한 번도 아지노모토味の素 같은 화학조미료를 넣지 않았다는 것이다. 예전에는 신잔소바 주변에 다른 오키나와 소바 가게가 많았지만 아지노모토로 쉽게 육수를 내다가 전부 문을 닫았단다. 손님들이 맛을 보면 차이를 알 수밖에 없다고. 아열대 지역인 만큼 오키나와의 여름은 견디기 어려울 정도로 덥다. 찜통더위 속에서도 신잔소바의 요리사들은 돼지뼈를 8시간 동안 고아 육수를 냈다. 선풍기조차 없던 시절에는 그 고생이 이만저만이 아니었다고. 제아무리 화학조미료로 흉내 낸들, 땀범벅이 되면서까지 정성스럽게 우려낸 육수 맛을 이길 수 있을 리가 없다. 원칙을 지키겠다는 신념이 있었기에 백 년 장사가 거뜬할 수 있었다.

자신들만의 장사철학을 고집한 덕에 노포가 된 이런 가게들은 오키나와 관광산업의 커다란 자산이다. 하지만 앞날이 밝지만은 않은 듯했다. 100년의 역사를 써내려온 지금, 향후 100년은 어떻게 이어갈 것인지 묻자 가오루 씨도, 데라다 부부도 표정이 어두워졌다. 이들은 자기 대에서 가게가 끝나리라고 예상하고 있었다. 나하야의 가오루 씨에게는 쌍둥이 딸이 있는데, 둘 다 도쿄에서 취업해 자리를 잡았다고 했다. 신잔소바의 데라다 부부 역시 자녀들이 방송계 등 전혀 다른 분야에서 일한다고 말했다. 이들은 꼭 자식이 아니더라도 도시 생활에 익숙한 요즘 젊은이들이 오키나와 시골까지 내려와 작은 식당에서 일을 배우고 물려받을 일은 없을 거라고 입을 모았다. 물론 장수의 고장 오키나와답게 다들 자신이 건강하니 가게는 앞으로 수십 년은 끄떡없을 거라고 자신했다. 그럼에도 오랜 세월을 머금은 이 노포들이 언젠가는 사라지리라 생각하니 벌써부터 섭섭한 마음이 들었다. 몇 시간 머물지도 않았는데, 밥 먹고 두런두런 이야기를 나누다 보니 그새 정들었나 보다.

手打ちそば **きしもと** 食堂

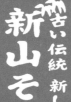

盛 泡盛古酒と琉球料理 うりずん

御食事処 なは屋

TEL 56-2343

스테이크와 타코

ステーキとタコス

제2차 세계대전 직후, 패전국 일본의 땅이었던 오키나와는 승전국 미국의 손에 넘어간다. 오키나와는 전쟁 동안 일본 영토 내에서 지상전이 벌어진 유일한 지역이었다. 미군의 포탄 세례, 일본군의 집단자결[1] 강요로 죽은 오키나와 주민은 자그마치 12만 명이 넘는다. 당시 오키나와 인구가 45만 명이었으니, 4명 중 1명꼴

---

[1] 일본군은 오키나와 주민들에게 미군이 상륙하면 참혹한 꼴을 당할 것이라면서 집단자결을 종용했다. 이에 부모가 자식을, 자식이 부모를 서로 칼로 찔러 죽이는 비극이 벌어졌다고 한다. 정작 생존한 일본군은 본토로 후퇴해 지금까지도 비판받고 있다.

오키나와전 당시 본섬 내부로 진격하는 미군 병사들. ©OCVB

로 목숨을 잃은 것이다. 한반도에서 오키나와로 끌려간 위안부 여성이나 강제징용자 희생자만도 1만 명이 넘었다고 한다. 이렇듯 어마어마한 인명피해에 더해, 슈리성 등 류큐왕국 시대의 유산도 3개월가량 이어진 오키나와전에서 완전히 파괴됐다.

미국은 적대적 공산주의 국가인 중국에서부터 한반도, 타이완, 동남아시아, 북태평양 제도까지 바라볼 수 있는 오키나와를 동아시아의 전략적 요충지로 여겼다. 때문에 한국전쟁이 한창이던 1952년, 샌프란시스코 강화조약을 체결해 일본과 동맹관계를 맺으면서도 오키나와는 반환하지 않았다. 강화조약 체결 자체가 (한국전쟁으로 본격화된) 냉전 구도에서 소련을 비롯한 공산주의 국가를 견제하기 위함이었으니, 전략적 요충지인 오키나와를 내놓을 리가 없었다. 미국은 1972년 일본에 오키나와를 반환하기 전까지 미군 하부조직인 류큐정부를 내세워 지배했다. 미군은 주민들의 땅을 강제로 빼앗아 기지를 설치했으며, 반발하는 이들을 제압하기 위해 무력을 휘둘렀다.

이렇게 해서 1950년대 이후 일본 본토에 있던 미군기지 상당수가 고스란히 오키나와로 이전됐고, 그 결과로 일본 전체 면적의 0.6%에 불과한 오키나와에 주일미군의 75%가 주둔하는 불합리한 상황이 초래됐다 (이는 지금도 마찬가지이며, 미군기지 이전을 놓고 이해관계가 다른 세력들 간에 논쟁이 계속되고 있다). 미군이 지배하는 동안 오키나와에서는 달러가 공용 화폐였으며, 도로에서 좌측 통행을 하는 일본과 달리 우측 통행을 했다 (1972년 일본 반환 이후 좌측 통행으로 다시 바뀌었다). 미국이 바꾼 것은 생활 양식만이 아니었다. 본토 일본인들이 오키나와에 가려면 외국 국경을 넘을 때처럼 여권을 제시해야 했다. 완전히 다른 나라가 된 것이다.

미군정은 고국을 떠나 머나먼 타지 오키나와에 온 미군 병사와 군무원 등 자국민들에게 최대한의 편의를 제공하고자 했다. 잘 알려져 있다시피 미국은 '자국민 보호'라는 슬로건을 강력하게 밀어

성조기와 일장기가 나란히 나부끼고 있는 오키나와 미군기지. ©OCVB

붙이는 나라 아닌가. 미국인들의 애국심은 정부가 자신을 지켜준다는 확고한 믿음에서 비롯된다고 할 수 있다. 미군이 오키나와 기지 안에 미국 식료품 브랜드 매장을 갖추고 '고향의 맛'을 직접 공수해 온 것도 그런 이유에서다.

　그중 대표적인 것이 오키나와 최초의 아이스크림 브랜드 블루씰Blue Seal(일본어 발음은 부루시루)이다. 블루씰은 미국 유제품 기업 포모스트Foremost[2]가 1948년 미군기지 내에 연 매장에서 비롯됐는데, 이 매장은 미군 병사 및 군무원과 그 가족들에게 우유나 아이스크림 등을 제공하기 위해 마련됐다. 당시 일본에서 질 좋은 유제품을 구하기 어렵다고 판단한 미군정이 미국 브랜드를 그대로 들여온 것이다. 그렇지만 오롯이 미군을 위한 것이었기에 오키나와 사람들은 포모스트 매장은커녕 우유나 아이스크림을 구경하기도 힘들었다. 포모스트가 미군기지 담장을 넘은 건 1963년. 후텐마普天間 기지 근처에 생긴 '블루씰 Big Dip 마키미나토점(당시 점포명은 Big Dip Dairy Bar)'이 아이스크림 브랜드로서 첫 시작이었

---

2) 포모스트는 한국에서도 나이 지긋한 세대에게는 익숙한 브랜드다. 1970년대에 대일유업(빙그레 전신)이 포모스트와 기술 제휴를 맺고 이 브랜드로 우유나 아이스크림을 내놓았다. 장수 상품인 투게더 아이스크림 역시 1974년 출시 당시에는 '포모스트 투게더'였으며, 용기에 포모스트 브랜드를 달았다. 1994년 이전까지 사용된 빙그레 CI를 보면, 영어 소문자 'f'를 형상화한 포모스트와 비슷하게 디자인됐음을 알 수 있다.

다. 이러한 배경 때문에 블루씰은 브랜드를 소개할 때 '미국에서 태어나 오키나와에서 성장한アメリカ生まれ沖縄育ち'이라는 수식어를 쓰고 있다.[3]

현재 블루씰은 오키나와를 대표하는 아이스크림 브랜드로, 오키나와 곳곳에 매장을 두고 있다. 여행 중 블루씰 본점인 마키미나토점에 들렀다. 1983년 매장을 확장했을 뿐, 여전히 같은 자리를 지키고 있다. 외관도 거의 변함없이 유지해왔다고 한다. 실제로 바랜 삼색 차양막이나 건물 앞에 설치된 아이스크림 네온 조명은 1970~1980년대 미국영화를 보는 것 같은 인상을 준다. 가게 출입구 한편에는 미군정 시절 미군들이 아이스크림을 사 먹는 모습이 찍힌 대형 흑백사진이 걸려 있다.

매장 안에서 단연 눈길을 사로잡는 것은 의자 위에 앉아 있는 미군 백인 장교다. 물론 진짜 장교가 아니라 마네킹이다. 원래는 연갈색의 옛 군복 차림인데, 우리가 갔을 땐 연말이어서 산타 복장을 하고 있었다. 느끼한 미소를 짓고 있는 이 마네킹은 관광객들과 끊임없이 인증샷을 찍느라 대단히 바빠 보였다. 이 밖에도 본점 안에 브랜드 스토리 전시실이며 직접 아이스크림을 만들어볼 수 있는 체험공방, 기념품 가게, 1970년대 매장을 재현한 공간

---

[3] 몇 차례의 인수·합병을 거쳐 현재는 삿포로 맥주의 모회사인 삿포로 홀딩스의 계열사가 됐다.

등이 마련되어 있는데, 전시실에는 미군정 시절에 생산한 옛 제품의 모형이나 사진 등이 진열되어 있었다. 일제강점기를 경험한 한국인 입장에서 생각하면 놀라운 광경이었다. 자신들을 지배했던 미군 장교를 마네킹으로 세워놓고, 심지어 기념품으로도 만들다니(기념품 가게에서 미군 장교가 그려져 있는 수첩을 발견했다). 오키나와에는 이처럼 미군의 자취를 상업적으로 활용하는 곳이 꽤 많다. 블루씰 본점에서 차로 20분 정도 떨어진 해변엔 미국 캘리포니아 분위기를 재현한 관광명소가 있다. 원래는 미군 비행장 등 군시설이 있던 곳인데, 1981년 일본에 반환된 뒤 아예 미국식 리조트 및 상점 단지를 조성한 것이다. 이름도 아메리칸 빌리지 アメリカンビレッジ다.

어쨌든 오키나와의 유제품 소비 문화 역시 미군정의 산물이다.[4] 그 전까지만 해도 주민들에게 우유는 낯선 식품이었다. 고온에 변질되기 쉬운 음식인지라 아열대 기후인 오키나와에 보급되기 어려웠던 탓이다.[5] 그러다 1955년 미군정하에서 오키나와의 우에다上田 초등학교 급식에 구호물자인 탈지분유가 처음 제공된다. 전후 영양 부족에 시달리던 어린이들의 건강을 위한 조치였다. 우유

---

4) 우유 포장 단위로 일본 본토에서는 '리터'를 사용하는 데 반해 오키나와에서는 여전히 미국식 '갤런'을 사용하고 있다. 이 역시 미군정하에서 유제품이 처음 생산됐기 때문에 나타난 차이다.

5) 일본 본토에서는 1863년 개항지 요코하마橫浜에서 본격적인 우유 생산이 시작됐고, 1870년대에 홋카이도를 중심으로 확대됐다.

의 사정이 이러했으니, 냉동보관이 필요한 아이스크림은 더욱 귀한 대접을 받았다. 50년 전까지만 해도 블루썰 아이스크림을 정육점에서 파는 경우가 많았단다. 냉동시설이 부족했기 때문이다. 가격은 당연히 비쌌다. 1963년 블루썰 마키미나토점이 생긴 이래 1970년대까지 아이스크림은 당시 오키나와 어린이들에게 '꿈의 간식'이었다. 생일이라거나 학교 시험에서 100점 받은 날, 부모님이 큰맘먹고 사주는 특식이었다.

반세기가 흐른 지금은 오키나와 곳곳의 편의점에서 손쉽게 구할 수 있으니, 블루썰 아이스크림 하나에서도 격세지감이 느껴진다. 기왕 본점까지 찾아갔으니 편의점에서는 살 수 없는 소프트 아이스크림을 맛보았다.[6] 자색고구마(오키나와 특산물이다) 맛과 바닐라 맛이 반반 섞인 것(340엔)을 골랐다. 부드러운 크림은 적당히 단맛을 냈고 고구마 향도 은은하게 느껴져 맛있었다. 나중에 편의점에서는 블루썰에서 나온 폴라 베어 바닐라 아이스크림 샌드위치ポーラベアーバニラ를 사 먹었는데, 초콜릿 비스킷 사이에 바닐라 아이스크림을 넣은 제품이다. 한국에도 비슷한 게 있지만, 내용물이 훨씬 실한 데다 비스킷이 바삭하고 바닐라 향이 진해 감탄

---

6) 매장에서는 포모스트 시리즈(포모스트 럼 레이즌, 포모스트 바닐라, 포모스트 초콜릿, 포모스트 딸기)를 비롯해 계절한정 아이스크림 등 편의점 제품과 다른 아이스크림을 여럿 판매한다.

스러웠다.

그런데 미군정 시절, 미군들이 부대 안에 마련된 포모스트 블루씰 매장 같은 곳만 이용한 건 아니다. 전시 등 특수한 상황이 아니고서야 병사들은 기지 안에만 머무르지 않는다. 기지 밖으로 나가 외식을 하거나 술을 마시거나 성욕을 해소하거나 아니면 며칠 휴가를 내 여행을 가기도 한다. 이는 오키나와의 미군들도 마찬가지였다. 때문에 마련된 것이 바로 A사인 제도다.

이는 1953년부터 1972년까지 미군기지 밖의 상업시설에 대한 미군 공인 영업허가제였다.[7] 미군정은 자국 병사들이 즐겨 찾는 식당, 술집, 성매매 업소 등을 사전 검열해 일정한 기준에 부합하는 곳에만 A사인을 부여했다. 패전 이후 일본의 위생 관리가 열악했기 때문이기도 하지만, (뒤에서 좀 더 자세히 다룰) 패스트푸드점 A&W가 미국 브랜드에 미국인 사업자여서 A사인을 받을 필요가 없었던 데서 보듯이 식민주의적인 측면이 강했다. 어쨌든 A사인을 받은 가게들은 대문자 A가 커다랗게 박혀 있는 인증서를 내걸었고, 미군 병사들은 이 인증서가 걸린 곳에만 출입할 수 있었다.

시대별로 다소 차이는 있었지만, A사인을 부여하는 기준은 무척 엄격했다. 식당에서는 주방, 테이블 등의 위생 상태는 물론, 종

---

7) A는 '승인하다', '인가하다'라는 뜻을 지닌 영어 단어 'Approved'의 머리글자다.

A사인. 지금도 액자에 고이 넣어 잘 보이는 곳에 걸어둔 가게들이 있다.

업원들의 손톱 길이까지 점검했다. 여기까지야 그렇다 치지만, 가게 건축 자재도 점검 기준에 들어갔다고 한다. 화재가 났을 때 목조 건물은 불이 순식간에 번져 위험할 수 있으니 무조건 콘크리트로 지은 건물이어야 했다. 또한 성매매 업소 여성들은 정기적으로 미군이 지정한 시설에서 성병 감염 여부를 검사해야 했다.

당연히 오키나와 주민들에게는 굴욕적이기 짝이 없는 제도였다. 'A사인'이 종종 암울했던 미군정 시대를 상징하는 단어로 통하는 이유가 여기에 있다. 오키나와 출신 소설가들은 A사인 성매매 업소를 배경으로 당시 사회상을 반영한 작품을 발표하기도 했다. 아쿠타가와상 수상 작가인 마타요시 에이키又吉栄喜가 대표적이다. 그가 쓴 단편 〈창가에 검은 벌레가窓に黒い虫が〉(1978), 〈셰이커를 흔드는 남자シェーカーを振る男〉(1996) 등은 권력을 가진 미군 남성, 미군에게 몸을 파는 오키나와 여성, 남성성이 거세된 무력한 오키나와 남성의 관계를 통해 부조리한 현실 속에서 뒤틀려버린 오키나와 청년들의 삶을 보여준다.[8]

이처럼 미군과의 동거를 피할 수 없었던 오키나와에서는 미군에 의한 살인, 강간, 폭행, 뺑소니 사고, 전투기 추락사고 등으로 주민들의 희생이 끊이지 않았다. 그렇지만 미군의 치외법권 인정

---

8) 조정민, 《오키나와를 읽다》, 소명출판, 2017.

으로 가해자나 책임자에 대한 처벌이 미미해 반미감정이 점차 고조됐고, 폭력적 저항운동이 일어났다. 주민들 사이에서는 일본 정부가 이민족 땅인 오키나와를 희생양으로 삼았다며 미국과 일본 어느 쪽에도 속하지 말고 독립하자는 주장이 나왔다. 하지만 오키나와의 어려운 경제적 형편, 자본주의와 공산주의의 첨예한 냉전 구도 속에서 독립은 현실화되기 어려웠다.

결국 1972년, 미군정 시대가 막을 내리고 오키나와는 일본으로 반환된다. 오키나와는 이제 미국이 아닌 일본에 속한 땅이 됐고 오키나와'현'이 됐지만, 미군은 철수하지 않고 그대로 남았다. 뿐만 아니라 반환된 지 한 달여가 지나자 일본 정부가 배치한 자위대까지 이 섬에 들어왔다. 오키나와 본섬 면적의 5분의 1을 차지한 미군기지를 둘러싼 갈등은 여전히 현재진행형이다. 미군기지를 오키나와에 계속 묶어두려는 아베 정권과, 이에 반대해 미군기지 이전을 추진 중인 다마키 데니玉城デニ-9) 오키나와현 지사가 계속 부딪치고 있는 것이다.

---

9) 방송인 출신의 정치가. 본명은 다마키 야스히로玉城康裕다. 미군 아버지와 오키나와 현지인 어머니 사이에서 태어난 혼혈로, 부친이 모자를 버리고 귀국하는 바람에 사생아로 자랐다. 막노동을 전전하다 오키나와 지역 라디오 방송사에서 진행자로 활동하며 인기를 얻었다. 2002년 오키나와 시의회 의원으로 당선되면서 정치에 입문해 2018년 9월 오키나와현 지사에 당선됐다. 오키나와 미군기지의 폐쇄 및 현외 이전, 미군에게 유리한 미일지위협정의 개정 등을 요구하며 아베 정권과 대립각을 세우고 있다.

그렇다고 해서 오키나와 전체가 미국을 증오하기만 한 건 아니다. 땅을 강탈당한 지주, 미군 범죄 및 사고의 피해자와 그 가족들은 반발이 심했지만, 미군 덕분에 돈을 벌고 기회를 얻은 주민들도 있었다. 참혹한 오키나와전으로 인해 쑥대밭이 됐는데, 일본 정부까지 손을 놓은 탓에 오키나와 경제는 미국의 물자 지원과 미군의 소비에 의존할 수밖에 없었다. 미군기지 주변 A사인 업소 주인을 비롯해 영어가 유창한 사람들은 대표적인 수혜자 그룹이었다. 역설적인 일이지만 미국 정부의 까다로운 조건에 부합해 A사인을 받은 업소는 현지 주민들 사이에서도 신뢰도가 높아졌다. 이 때문인지 A사인 제도가 폐지된 지 벌써 50여 년이 지난 지금까지도 A사인 인증서를 액자에 끼워 자랑스레 걸어둔 곳들이 있었다.

경제 형편이 나아지자 미국 소비문화를 적극적으로 즐기는 오키나와 젊은이들도 늘었다. 2차대전 이후 팍스 아메리카나Pax Americana의 문화는 막강한 경제력을 내세워 자본주의 진영 국가들을 속속들이 파고들었다. 로큰롤, 할리우드 영화, 햄버거, 콜라 등은 선망의 대상이 됐다. 이러한 미국 소비문화는 오키나와에 그 어떤 아시아 지역보다도 빠르게 유입됐다. 엘비스 프레슬리에 열광하고 패스트푸드를 즐겨 먹으면서 미국인을 동경하고 흉내 내는 오키나와 젊은이들이 늘었다. 성폭력이나 성매매가 아니라 미군과 연애를 하면서 국제결혼을 꿈꾸는 여성들도 있었다. 이

같은 A사인 시대의 또 다른 면모는 슈퍼몽키스의 데뷔곡 〈미스터 U.S.A.ミスターーU.S.A.〉(1992)에서도 엿볼 수 있다. 슈퍼몽키스는 오키나와 출신 소녀 다섯 명으로 구성된 걸그룹인데, 그중 한 명이 바로 아무로 나미에다. 1995년부터 솔로 활동을 시작해 2018년 은퇴하기까지 일본을 비롯한 아시아 전역에서 엄청난 인기를 누렸던 이 유명한 가수가 처음 무대에 올라 불렀던 곡이 〈미스터 U.S.A.〉다. 이 노래는 한 오키나와 여성이 소녀 시절에 만난 미군 병사와의 추억을 회고하는 내용을 담고 있다.[10]

The Picture You Had, Big Pink Cadillac
네가 갖고 있던 사진 속의 커다란 핑크 캐딜락

---

10) 전체 가사는 이렇다. 기억하니? 파도치던 U.S.A.의 해변을/남쪽에서 불어온 바람이 지워버린 작은 무지개/해변의 아메리카/기억하니? U.S.A.의 바닷가를/눈물의 무지개가 내린 Ai Yai Yai Yai 머나먼 (옛)날의 연애사건/모래 위의 라디오에서 꿈이 울렸지, 부드럽게/하얀 담장 너머의 비치클럽/다른 사람(상사)의 캐딜락을 닦으며 땀으로 얼룩진 유니폼/네가 마음속에 간직해온 당당함과 푸른 꿈으로 눈부셨어/기억하니? 파도치던 U.S.A.의 해변을/한여름의 소년은 Ai Yai Yai Yai 머나먼 무지개를 건너간 거니?/네가 갖고 있던 사진 속의 커다란 핑크 캐딜락/떠올리면, 지금도. 꿈을 만들어준 무지개/가슴이 뜨겁게 복받쳐 올라/담장 너머에서 둘이 함께 제임스 딘 영화를 보았지/극장 옆에 홀로 외로이 서 있던 야자나무/지도에서 사라진 천국이여/U.S.A.의 선율이 들릴 때면/남쪽에서 불어온 바람에 흐릿해지는 Ai Yai Yai Yai 해변의 아메리카/기억하니? U.S.A.의 바닷가를/(나에게) 꿈을 속삭이면서/(속으로는) 누구를 사랑한 거야?/(지금은) 누구와 춤추고 있니?/기억하니? 파도치던 U.S.A.의 해변을/네가 무지개처럼 사랑했던 그 소녀를, 넌 추억하니?/머나먼 무지개를 건너간 거니?/네가 갖고 있던 사진 속의 커다란 핑크 캐딜락/떠올리면, 지금도. 꿈을 만들어준 무지개/가슴이 뜨겁게 복받쳐 올라'

想い出すと今も Dream-Made Rainbow

떠올리면, 지금도. 꿈을 만들어준 무지개

胸が熱くなる

가슴이 뜨겁게 복받쳐 올라

フェンス越しに二人で ジミーの映画を観た

담장 너머에서 둘이 함께 제임스 딘 영화를 보았지

シアターのあたり ぽつんと Palm Tree

극장 옆에 홀로 외로이 서 있던 야자나무

地図から消えた天国さ

지도에서 사라진 천국이여

...

Do You Remember Seaside U.S.A.?

기억하니? U.S.A.의 바닷가를

夢ささやきながら Who Do You Love?

(나에게) 꿈을 속삭이면서 (속으로는) 누구를 사랑한 거야?

誰とダンスしてるの

(지금은) 누구와 춤추고 있니?

발랄한 멜로디와는 달리 가사는 처연할 정도다. 배경은 미국 땅도, 일본 땅도 아닌, 미군 병참기지로 전락해 '지도에서 사라진 천국' 오키나와다. 노래 속 주인공인 오키나와 소녀는 군복이 땀에 젖을 정도로 상사의 캐딜락을 열심히 닦던 미군 병사에게 설렘을 느끼고, 둘은 미군기지 담장(하얀 담장) 너머에서 데이트를 한다. 일본이 아닌 USA의 바닷가였던 오키나와 백사장에서 라디오를 듣거나 극장에서 제임스 딘 영화를 보면서 말이다. 소녀는 미군 남자친구를 통해 접한 미국 문화를 신기해하며 그에게 사로잡힌다. 그는 지금 자신이 상사의 캐릭달을 닦는 말단 병사에 불과하지만, 고향에서는 커다란 핑크색 캐딜락을 몰고 다니는 멋쟁이라며 사진까지 보여주면서 자랑한다. 어쩌면 나중에 함께 미국에 가서 이 차로 드라이브를 즐기자고 말했을지도 모른다. 소녀는 행복한 '아메리칸 드림'에 빠지지만, 소녀를 향한 미군 병사의 마음은 사랑이 아니라 (전체 가사에 나오다시피) '연애사건'일 뿐이다. 그는 모든 약속을 저버리고 혼자 귀국한다. 극장 옆에 외로이 서 있던 야자나무 같은 신세가 된 소녀는, 미국에서 다른 여자와 춤추고 있을 '미스터 U.S.A'를 회상할 뿐이다.

이 가사처럼, 당시 미군과 결혼해 미국행을 꿈꾸는 오키나와 여성들이 적지 않았다. 이들 중 상당수는 임신까지 했는데도 결국 버림받아 혼혈 사생아를 낳고 미혼모로 살아야 했다. 이들은 (한

군정 시절의 블루씰 아이스크림 매장 모습(위), 미군기지 담장(아래). ©OCVB

국에서 '양공주'가 그러했듯이) 이웃들로부터 멸시당했고, 아이들은 아이들대로 튀는 외모 때문에 오키나와 사회에서 차별받았다. 아무로 나미에의 어머니도 그렇게 태어나 자랐다. 오키나와에서 탄생한 일본 최고 여가수의 외할아버지는, 이름도 모르고 성도 모르는 '미스터 U.S.A'였던 것이다. 15세 소녀 아무로 나미에가 앳된 목소리로 불렀던 〈미스터 U.S.A.〉는 어쩌면 그녀의 외할머니 이야기일지도 모른다. 그저 이웃나라의 역사 같지만은 않다. 서글프게도.

이처럼 반미항쟁의 다른 한편에서는 미국과의 교류가 활발하게 이루어졌다. 외식업계도 그랬다. 블루씰 아이스크림이 오키나와 어린이들에게 선망의 대상이 된 것처럼, 미군을 상대로 장사하던 A사인 레스토랑의 스테이크, 타코, 햄버거, 피자 등은 오키나와 젊은이들의 입맛까지 사로잡았다. 삶은 돼지고기 위주였던 현지인들의 식단이 미국인이 즐겨 먹는 구운 쇠고기로 바뀌었다.[11] 오키나와 사람이 운영하는 A사인 레스토랑 말고도 미군정이 자국 군인들을 위해(혹은 돈을 벌어들이기 위해) 미국에서 들여온 패스트푸드, 유제품, 가공육 브랜드 역시 큰 인기를 모았다. 이 과정에서 혼혈

---

11) 오키나와는 일본의 대표적 장수 고장으로 명성이 자자했는데, 주민들의 이러한 식단 변화 때문에 암 발생률이 높아지고 평균 수명이 짧아졌다는 연구 결과가 나오기도 했다.

의 아무로 나미에처럼 서로 다른 식문화가 결합한 퓨전 요리가 새롭게 탄생하기도 했다. (멕시코 음식인) 타코와 일본식 덮밥(돈부리)이 결합한 타코라이스タコライス가 대표적이다.

미군정 시대의 오키나와 식문화를 체험하려면 역시 미국에서 건너온 음식들을 먹어봐야 한다. 당시 A사인 레스토랑이었고 지금까지 영업을 이어오고 있는 잭스 스테이크 하우스ジャッキーステーキハウス와 찰리 타코스チャーリー多幸寿, 그리고 미군이 들여온 패스트 푸드 체인인 A&W에 가보기로 했다.

잭스 스테이크 하우스

ジャッキーステーキハウス(1953~)

건물 한 면을 통째로 덮다시피 한 거대한 간판 위에 소 한 마리가 떡하니 그려져 있다. 붉은색과 남색 바탕에 흰 별무늬가 어우러진 간판은 성조기를 연상시킨다. 커다랗게 박힌 'JACK'S STEAK HOUSE' 역시 미국 냄새를 짙게 풍긴다. 일본식 영어 발음으로는 '자키 스테키 하우스'(택시를 이용할 경우 이렇게 발음해야 빨리 이해한다)라 하는 이곳은 1953년부터 영업해온 노포로, 오키나와의 대표적인 스테이크 레스토랑이다. 호텔, 술집, 식당이 즐비한 나하 시내 니시잇초메西1丁目의 비좁은 골목 안에 있는데, 워낙 유명한 곳이라

내비게이션에 가게 이름만 넣어도 바로 검색된다. 건물 앞에 주차장이 있지만 별로 넓지는 않다. 점심시간이 훌쩍 지난 오후 3시에 갔는데도 딱 한 자리가 남아 있어 겨우 주차했다.

미군정의 영향으로 오키나와에는 스테이크 레스토랑이 정말 많다. 달러가 통용됐던 그 시절, 달러를 손에 쥔 사람들은 대부분 미군 병사나 군무원, 이들의 가족 등 미국인이었다. 소수의 부자를 제외하면 전후 궁핍한 생활에 시달리던 현지인들에게는 외식을 즐길 여유가 없었다. 상황이 이러하니 외식업계의 주요 고객은 미국인이었고, 오키나와에서 음식 장사로 돈을 벌려면 미국인을 상대해야 했다. 일제강점기 경성 중심가에 요정, 이자카야, 경양식집 등 일본 음식점이 넘쳐났던 것과 같은 이치다. 그런데 미군정이 종식된 지 한참 지났음에도 오키나와에는 여전히 스테이크 레스토랑이 많다. 나하 시내를 벗어나도 끊임없이 보였다. 스테이크의 인기가 워낙 높다 보니 지역 내 프랜차이즈 브랜드까지 다수 생겼다. 요즘 관광객들이 즐겨 찾는 스테이크 레스토랑들은 대부분 1972년 오키나와의 일본 재편입 이후에 문을 열었다. 잭스 스테이크 하우스는 그보다 20여 년 먼저 문을 열었을 뿐이지만, 오키나와에서 이 20여 년은 기나긴 세월이었다. 미군정 시대의 상징과도 같은 잭스 스테이크 하우스는 명성이 자자함에도 분점 하나 내지 않고 본점만 운영 중이다.

신기하게도 가게 출입구 옆에는 웬 구닥다리 같은 신호등이 걸려 있다. 빈자리 여부를 알려주는 것인데, 빨간색은 만석, 노란색은 얼마 안 있으면 공석, 파란색은 공석 있음을 의미한다. 실내 분위기는 아날로그 감성을 더욱 자극한다. 천장엔 길쭉한 형광등이 덮개도 없이 달려 있고, 벽을 꽉 채운 흰 메뉴판에는 촌스러운 글씨체로 메뉴가 적혀 있다. 주방 쪽 메뉴판에는 일본어를 영어 위에 적은 반면, 맞은편 벽에는 영어가 위에 적혀 있다. 맛집의 필수 장식품이라고 할 수 있는 스타들의 사인도 줄지어 붙어 있다.

무엇보다 눈길을 사로잡는 건 계산대 위에 보물처럼 고이 걸려 있는 A사인 인증서다. 바로 옆에는 류큐정부(앞서 말했듯이 미군정의 대리 역할로 세워진 정부)가 부여한 위생기준 1급 허가증도 붙어 있는데, 그 왼쪽으로 창업자가 옛 점포 앞에서 찍은 사진이 보인다. 지금과 달리 건물이 단출한데, 간판도 (그때에도 큰 간판이기는 하지만) 작고 수수하다.

스테이크 전문점이지만 메뉴가 퍽 다양하다. 미군들이 즐겨 먹었을 타코, 찹스테이크, 햄버그 스테이크, 폭찹, 포크커틀릿, 비프커틀릿, 프라이드치킨, 스파게티는 물론이고 스키야키, 미소시루, 야키소바 등 일본 음식까지 내놓고 있다(미군 손님이 주류였던 1960년대만 해도 일식 메뉴는 오므라이스나 스키야키 덮밥 정도였다고 한다). 술도 위스키, 와인, 맥주, 아와모리 등 국적을 가리지 않는다. 과거에는 미

가게에 공석이 있는지 알려주는 신호등(위). 창업 초창기(1950년대) '뉴욕 레스토랑' 시절의 가게 모습(아래). 1961년 나하시로 이전하면서 '잭스 스테이크 하우스'로 이름이 바뀌었다.

미군정 시절인 1960년대에 사용했던 메뉴판. 음식 이름은 영어로 표기되어 있는데, 그 아래에 일본어도 작게 적혀 있다.

군을 상대로 장사하는 A사인 레스토랑이었지만 이제는 내외국인 가리지 않고 관광객이 많이 찾는 곳이라 선택의 폭을 넓힌 모양이다. 우리는 간판 메뉴인 텐더로인 스테이크テンダーロインステーキ를 가장 작은 S사이즈(2,100엔)로 주문했다(M은 2,300엔, L은 2,500엔으로 가격이 비싸지 않다). 이것저것 시켜서 여러 명이 나눠 먹기 좋은 곳이었는데, 가보고 싶은 식당이 한 군데 더 있었기에 어쩔 수 없었다.

스테이크를 주문하면 먼저 빵(빵이나 밥 중 하나를 선택할 수 있다)과 샐러드, 감자수프가 나온다. 채 썬 양배추에 통조림 옥수수, 마요네즈가 들어간 샐러드를 보니 경양식집에 온 듯한 기분이다. 따끈따끈한 감자수프는 감자 본연의 맛과 향이 진해 담백하다. 빵은 다소 투박한 모양새와는 달리 버터 향이 진하고 부드러워 수프에 찍어 먹으니 별미다.

이윽고 텐더로인 스테이크가 등장했다. 새까만 돌판 위에서 지글지글 끓는 소리를 내는 스테이크가 시각, 청각, 후각을 전부 사로잡는다. S사이즈라 양은 많지 않지만, 육즙이 가득 맺힌 모양새가 식욕을 돋운다. 가니시로는 구운 감자와 양파가 나온다. 테이블 위에는 간장, 마요네즈, 케첩 등 다양한 소스가 놓여 있는데, 당연히 미국 스테이크 소스인 넘버원 소스도 있다. 고기 위에 조금 끼얹어 먹어보니 달짝지근한 게 잘 어울린다. 사실 이 미국식 텐더로인 스테이크는 한국이나 일본에서 선호하는 육질이 아니다.

요컨대 마블링이 골고루 퍼져 있는 부드럽고 고소한 쇠고기가 아니라는 말이다. 살코기 본연의 육향과 질감을 살려 미국인 입맛에 더 잘 맞는 스테이크다. 굽기는 미디엄 웰던으로 선택했는데, 미디엄 레어 쪽이 풍미가 더 좋을 듯하다.

여담이지만, 미군정 이전에도 오키나와에서 쇠고기를 전혀 먹지 않았던 건 아니다. 농경에 쓰이던 소가 죽으면 고기와 내장으로 규지루牛汁[12]라는 국을 끓여 먹곤 했다. 소는 돼지나 닭처럼 고기를 먹을 목적으로 사육한 게 아니니 맛이 없었고, 싸구려 식재료 취급을 받았다. 이런 와중에 미군과 함께 유입된 미국산 쇠고기가 주민들의 입맛에 신세계를 열었다. '소도 맛있네'라는 깨달음(?)을 준 것이다. 미국인 입맛에 맞는 스테이크가 오키나와 사람들에게 그대로 전수되어 오늘날까지 사랑받게 된 이유다. 본토에서 온 관광객들에게는 야들야들한 와규 스테이크와는 또 다른 '미군정 시절의 이국적인 맛'으로 어필했을 테고. (현재 잭스 스테이크 하우스에서는 단가를 고려해 호주산 쇠고기를 쓰고 있는데, 과거의 미국산과 비슷한 육질을 유지하기 위해 노력한다고 했다)

식사를 마친 후 잭스 스테이크 하우스의 3대 계승자와 4대 계승자를 함께 만나 잠시 이야기를 나눴다. 4대 계승자인 나가타 나

12) 소의 내장 부위와 고기를 가쓰오부시, 다시마, 당근 등을 넣고 끓인 국으로, 오키나와 향토요리다.

리타카長田就高 씨는 30대의 젊은 점장으로 경영 및 홀 관리를 맡고, 3대 계승자인 이하 요시코伊波よし子(나가타 점장의 이모) 씨는 주방을 총괄한단다. 가게 이름에 왜 '잭'이라는 이름이 들어갔는지 궁금해 묻자 나가타 점장이 답했다.

"처음엔 '뉴욕레스토랑ニューヨークレストラン'이었어요. 이 가게를 창업한 외할아버지(나가타 다다히코長田忠彦)[13]가 뉴욕에서 일하셨거든요. 잭은 외할아버지의 미국인 친구 이름이에요. 미군기지에서 일하던 분인데, 가게 초창기에 신세를 많이 졌어요. 저희는 미군을 상대로 장사하던 곳이라 신선한 쇠고기를 빨리 입수하는 게 중요했어요. 1950년대만 해도 오키나와에서는 쇠고기 자체를 구하기 힘들었는데, 미국 화물선이 들어오면 잭이 외할아버지에게 바로 알려줘서 질 좋은 쇠고기를 구할 수 있었다고 해요. 덕분에 미군들 사이에서 맛있는 스테이크를 파는 레스토랑으로 소문이 났죠. 타코나 스테이크 소스 만드는 방법도 잭이 가르쳐줬다고 들었어요. 그에게서 받은 도움을 기억하고자 1960년대부터 가게 이름을 '잭스 스테이크 하우스'로 바꿨고요."

13) 일본의 성은 한국과 마찬가지로 부계가 원칙인데(심지어 여성이 결혼을 하면 서양에서처럼 남편 성을 따른다), 가업을 이을 때 아들이 없으면 직계존속이 아니라도 양자를 들이는 식으로 후계자를 정해 성을 물려주기도 한다. 잭스 스테이크 하우스 창업자 나가타 다다히코는 슬하에 딸만 있어 가게를 계승한 외손자가 성을 이어받았다.

재밌는 건 가게 이름이 바뀌면서 창업자 나가타 다다히코도 영어 이름인 '잭'을 쓰게 됐다는 사실이다. 미군 손님들이 부르기 편하도록 영어 이름을 썼다는데, 아마 가게 이름을 본 손님들이 사장을 '잭'이라고 부를 때가 많아 그랬을 듯하다.

어쨌든 이 나가타 다다히코 씨는 가고시마현 아마미오시마奄美大島[14] 출신인데, 뉴욕에서 일하며 영어가 유창했던 탓에 미군이 드나들던 오키나와의 한 음식점에 스카우트됐다고 한다. 요컨대 일자리를 위해 일본에서 미군정하의 오키나와로 이민(앞서 말했듯 오키나와에 갈 땐 여권을 제시해야 했으니까)을 간 셈이다. 그러다 1953년 가데나嘉手納 기지 근처에 뉴욕레스토랑을 차려 A사인 인증서를 받는 데 성공했다.

어렵게 받은 A사인을 유지하는 과정에도 우여곡절이 많았단다. 심사 과정이 워낙 엄격해 심사원이 주방 안을 샅샅이 뒤지면서 식재료를 확인하는 동안 미처 버리지 못한 시든 채소가 있으면 어떡하나 마음을 졸이는 건 예사고, 심사일을 하루 앞두고 건축 자재 기준이 갑자기 바뀌는 바람에 목조 건물이었던 식당 전면부를 하

---

14) 아마미오시마는 오키나와 본섬과 일본 가고시마현 사이에 자리한 섬이다. 류큐왕국 시절에는 류큐의 영토였으나, 오키나와가 일본 정부의 현으로 강제 편입될 때 분리되어 가고시마현에 속하게 됐다. 2차대전 이후 미군정의 지배를 받다가 거센 반미항쟁 끝에 본토(1952년)보다 뒤늦은 1953년에야 일본으로 반환됐다.

잭스 스테이크 하우스 4대 계승자인 나가타 나리타카 씨(왼쪽)와 3대 계승자인 이하 요시코 씨. 손에 든
건 창업자 나가타 다다히코가 운영할 당시 옛 점포 앞에서 찍은 가족사진이다.

루 만에 콘크리트로 덮어 아슬아슬하게 위기를 넘긴 적도 있다고.
그도 그럴 것이 A사인 심사에 한 번이라도 탈락하면 미군 출입이
금지되니 폐업할 수밖에 없었다. A사인을 받는 것도 어려웠지만
유지하는 건 더욱 어려웠다. (미군정에 기댈 수밖에 없었던 당시 오키나와
사회상을 단적으로 보여주는 것이기는 하지만) 잭스 스테이크 하우스를 비
롯해 당시 A사인을 받았던 레스토랑들이 옛 인증서를 자랑스레
걸어두는 이유가 여기에 있다.

한편 1953년 이래 반세기 넘도록 영업을 이어오면서 가게에

는 많은 변화가 생겨났다. 우선 손님이 달라졌다. 처음엔 미군들만 오는 가게였는데, 오키나와의 경제 형편이 나아짐에 따라 현지인 손님들이 늘기 시작했다. 1972년 일본에 재편입된 뒤로는 본토에서 찾아오는 관광객이 많아졌다가 최근에는 한국, 중국 등 외국인 관광객 손님 비중이 높아졌다. 이런 변화에 발맞춰 장사의 터전도 바뀌었다. 가데나 미군기지가 축소되면서 첫 점포를 닫고 나하 시내로 옮겨 갔다. 관광객 손님이 늘어남에 따라 접근성이 더 좋은 지금 위치로 두 번째 이전을 한 건 2001년이다. 이전하기는 했지만 가게 안팎 분위기는 예전 것을 그대로 남겨놓았다. "옛 모습을 변함없이 지켜달라"는 손님들의 목소리를 반영해서다.

과연, 매장을 꽉 채운 손님들 중에는 수십 년 단골이라는 할아버지, 할머니들이 섞여 있다. 미국 식문화가 일찍 유행한 탓에 오키나와에는 스테이크며 피자, 햄버거 등을 좋아하는 노인이나 장년층이 아주 많단다. 관광객이 늘었다고는 해도 이 머리 희끗한 노인들이 청년 시절부터 결혼하고 아이를 낳는 동안 가게가 거의 변하지 않았다니, 놀라운 일이다. 3대 점주인 이하 씨가 말하기를, 이들이 과거 외식을 즐길 때 데려왔던 자녀들이 이곳을 그리워하며 그들 자신의 아이들 손을 잡고 찾아오기도 한다고. 할머니 옆에 앉아 서투른 손길로 스테이크를 썰어 먹는 저 아이들 역시, 부모가 그러했듯 이곳을 추억의 장소로 기억하게 될까?

잭스 스테이크 하우스

주소: (〒900-0036) 沖縄県 那覇市 西1丁目 7-3

영업시간: AM 11:00 ~ AM 1:00

정기휴무: 매월 둘째, 넷째 수요일

전화번호: +81) 98-868-2408

맵코드: 33 155 087*63

주차장: 있음

칠리 타코스

チャーリー多幸寿(1956~)

'타코Taco'는 옥수수가루 반죽을 구워 만든 동그랗고 얇은 빵 '토르티야Tortillas'에 채소, 고기, 치즈, 살사, 라임즙 등을 올려 먹는 음식이다. 한국에도 다수 들어선 멕시코 음식점에서 쉽게 찾아볼 수 있다. 뜬금없이 웬 멕시코 음식 소개인가 싶지만, 타코가 미국을 거쳐 오키나와에 도착해 만들어진 것이 '타코라이스'이기 때문에, 먼저 타코가 어떤 음식인지부터 알아야 한다.

타코가 어디서 기원한 음식인가는 아직 분명치 않다. 고대부터 먹기 시작했다는 설도 있고, 16세기 스페인 식민시대에 유래했다는 설도 있는데, 19세기 멕시코 광부들 사이에서 간편한 끼니로 인기를 얻으면서 대중적인 음식이 됐다고 한다. 이후 산업화 시대에 수도 멕시코시티로 인구가 집중됨에 따라 시내 곳곳에는 타코를 파는 노점상 '타케리아Taquería'가 속속 생겨났고, 타코는 저렴한 가격, 간편한 테이크아웃, 신속한 조리시간 등의 이점 덕택에 노동자들의 주식이 됐다.

그런데 타코 프랜차이즈로 유명한 '타코벨'이 미국 기업이라는 사실에서도 알 수 있듯이(타코벨의 타코는 타코가 아니라고 반발하는 이들이 많기는 하지만), 미국인들 역시 타코를 즐겨 먹는다. 미국 어디서나 타코 가게를 찾아볼 수 있을 정도다. 이처럼 미국에서 멕시코 음식이 대중화된 데에는 방대한 이민자 수가 한몫했다. 19세기 말에서 20세기 초 미 서부 개발이 한창일 때, 광산 채굴이나 철로 공사에 부족한 노동력을 멕시코 이주민들이 채웠던 것이다. 이렇게 늘어난 멕시코 이주민들 중 일부는 고향 음식을 팔기 시작했고, 이는 비단 멕시코 이주민들만이 아니라 미국인들에게까지 인기를 끌었다. 무언가가 유행하면 필연적으로 다양한 변종이 등장하게 마련이어서, 미국에서 현지화된 멕시코 음식이 속속 개발된다.[15]

---

15) 특히 멕시코와 국경을 맞대고 있는 텍사스주에서 멕시코 음식이 큰 인기를 끌었는데, 텍사스주를 비롯한 미국 남부에서 현지화된 멕시코 음식을 가리켜 '텍스멕스Tex-Mex'라고 한다.

어쨌든 이렇게 미국에 정착한 타코는 미군정과 함께 머나먼 오키나와까지 건너왔다. 저렴할뿐더러 먹기도 편하니 계급이 낮은 미군 병사들에게는 스테이크보다 맛보기 쉬운 고향(?) 음식이었을 터다. 이에 타코는 스테이크, 햄버거, 피자와 더불어 A사인 시대를 대표하는 오키나와 음식이 됐다. 이국 음식인 타코가 반세기 넘게 식탁에 오르자, 멕시코 문화를 잘 알지 못하는 사람들 중에는 타코의 발상지가 오키나와라고 생각하는 이도 있을 정도라고 한다.

이런 착각이 빚어질 만큼 오키나와에는 수많은 타코 전문점이 있다. 그중에서도 찰리 타코스(일본식 발음으로는 '차리 타코스')는 1956년 문을 연 노포로 유명하다. 이곳에서는 자신들이 오키나와 최초의 타코 전문점이라고 주장한다. 잭스 스테이크 하우스가 그랬듯이 찰리 타코스도 미군정 시절에 A사인을 받은 음식점이다.

창업자 가쓰타 나오시勝田直志 씨는 오키나와 출신으로, 그가 하필이면 '타코' 가게를 차린 이유를 설명하려면 시간을 조금 거슬러 올라가야 한다. 1945년 오키나와전 당시 일본군으로 참전했던 가쓰타 씨는 일본이 패전한 뒤 수용소에 갇혀 지내는 동안 미군의 풍요로운 물자 조달 광경에 경악했단다. 늘 먹을 것, 입을 것에 허덕이던 일본군과는 너무나도 대조적이었던 것이다. 그래서 그는 '부자나라' 미국이 지배하는 오키나와로 돌아와 미군을 상대하는 음식점에서 종업원으로 일했다. 미군 손님들이 여러 메뉴 중 타코를 유독 자주 주문하는 걸 눈여겨보곤 1956년, 찰리 타코스를 열었다. 가게 이름에 내세운 찰리는 가쓰타 씨의 영어 이름이다.

찰리 타코스는 본점과 분점 한 곳을 운영 중이다. 본점은 본섬 중부의 오키나와시에, 분점은 한국 관광객들에게 '국제거리'로 알려진 나하 시내의 고쿠사이도리国際通り에 있다. 나하에 묵었기 때문에 분점이 훨씬 가까웠지만 노포를 찾아다니기로 했으니 (운전을 맡은 아내에게는 미안한 일이지만) 본점에 갔다. 본점은 가데나 기지[16]에 인접한 주오파크 애비뉴中央パークアベニュー에 자리한다. 미군정 시절 미군을 위한 상점가로 조성됐던 거리다. 당시에는 인종차별이 심해 미군들 사이에서도 백인 병사와 흑인 병사가 출입하는 지역이 엄격히 구분됐는데, 주오파크 애비뉴 일대는 백인 구역이었다고 한다. 주변을 둘러보니 영어 간판이 즐비한 게 이태원을 연상시키는 분위기다. 가데나 기지가 축소된 탓인지 상권은 침체된 티가 역력했다. 셔터를 굳게 내린 가게가 대부분이었는데, 군복 차림의 미군이나 백인 커플 몇몇이 보일 뿐 행인도 얼마 없다. 휑한

---

16) 유독 자주 언급되는 가데나 미군기지는 오키나와에 설치된 미군기지 중에서도 최대 규모일 뿐만 아니라 극동 지역 최대 규모의 미공군기지다. 따라서 가데나 미군기지에 대한 지역 경제의 의존도도 높은 편이다.

공기가 어쩐지 쇠퇴한 미국 소도시의 골목길 같기도 하고.

그렇지만 찰리 타코스 본점 앞에 이르면 분위기가 싹 변한다. 나에게는 1980년대 유년기의 향수를 자극하는 외관이었다. '오키나와의 맛 찰리 타코스沖縄の味 チャーリー多幸寿'라는 글자가 빨간색, 흰색, 녹색으로 빛나는 간판부터가 그랬다. 어린 시절 엄마 손 붙잡고 도심에 나가면 흔히 보던 네온사인이다. 요즘 한국에서 레트로 붐이 일며 네온 간판이 다시 인기를 끌고 있다는데, 이건 예쁘장하게 재해석한 디자인이 아닌 옛것 그대로다.

타코스를 가타카나 'タコス' 대신 한자 음차로 '多幸寿'라 표기한 것이며, 유리창 위에 요란하게 붙어 있는 문구 스티커가 구식 분위기를 더욱 북돋운다. 재미있게도 그 문구는 '멕시코에서 태어나 오키나와에서 자랐다'는 뜻으로, 멕시코 땅에서 태어난 타코가 오키나와식으로 변형된 역사를 압축해서 보여준다. 레트로하기 짝이 없는 붉은 벽돌 외벽 한구석에는 '상점가 근대화 사업'으로 상가를 새로 단장했음을 알리는 표지석이 붙어 있다. 아니나 다를까, 날짜를 보니 1983년 5월이다. 당시 단장한 모습을 여전히 간직하고 있는 모양이다.

실내 분위기도 복고적이다. 천장에는 스테인드글라스 느낌을 내는 화려한 색감의 덮개로 형광등을 씌웠고, 삼색 띠가 주렁주렁 매달려 있다. 짙은 황색의 네모진 타일 바닥이며, 듬직하게 생

沖縄の味

WELCOME
NO1. CHARLIE'S TACOS
SINCE 1956
メキシコ生れの沖縄育ち
ャーリー 多 幸 寿
創業 昭和 31 年

CHARLIE'S
TACOS
SINCE 1956

チャーリータコス

"味の芸術"
ートコーヒー

긴 나무 의자며, 비닐에 싸인 울긋불긋한 테이블보며, 어느 것 하나 '요즘 것'이 없다. 타임머신을 타고 어린 시절로 돌아가 명동 나들이라도 하는 듯했다. 기분이 좋으면서도 한편으로는 좀 그랬다. 나이 들어 '옛날 사람'이 되는 건 자연스러운 일이기는 한데, 그렇다고 옛 물건이나 옛 분위기에 이렇게까지 환호할 일인가. 잔뜩 신나서 카메라 셔터를 연신 눌러대는 내게 장시간 운전에 지친 아내가 결국 한마디했다. "적당히 좀 해. 중년 아저씨 티 그만 내고."

이곳에도 벽에 A사인 인증서가 걸려 있다. 각종 표창장, 유명인사의 사인도 한가득이다. 주 메뉴인 타코와 타코라이스를 비롯해 엔칠라다Enchilada,[17] 파스타, 리조토, 샌드위치 등을 판다. 타코, 타코라이스, 음료로 이루어진 세트 메뉴도 있다. 타코 개수에 따라 A세트(타코 한 개), B세트(타코 두 개), C세트(타코 세 개)로 나뉜다. 우리는 C세트를 골랐다. 타코에 들어가는 고기 종류(쇠고기, 닭고기, 참치)를 선택할 수 있는데, 세 가지 모두 맛보고 싶어서였다(잭스 스테이크 하우스에서 S사이즈 스테이크를 시켜 둘이 나눠 먹은 이유가 여기에 있다). 타

---

17) 토르티야 사이에 치즈, 채소, 고기 등을 넣고 둥글게 말아 구워낸 뒤 칠리소스를 끼얹어 먹는 멕시코 음식. 이 역시 미국에서 변형을 겪었는데, 멕시코에서는 토르티야를 만들 때 주로 옥수수가루를 쓰는 반면 미국에서는 밀가루를 쓰는 등 조리법이 다른 것은 물론 향신료도 다르게 쓴다. 텍스멕스 엔칠라다는 (멕시코에서는 거의 쓰이지 않는) 커민cumin을 넣으며, (멕시코에서 많이 쓰이는) 후추, 고수는 적게 쓴다.

코가 세 개나 되니, 양이 가장 적은 S사이즈(1,210엔)로 골랐다. 주문과 동시에 계산을 치른다.

푸드코트나 구내식당 음식처럼 한 그릇에 타코 세 개와 타코라이스가 함께 담겨 나왔다. 그런데 S사이즈라기에는 양이 엄청나게 많다. 가장 양이 많은 L사이즈(1,610엔)는 양이 얼마나 많을지 짐작이 안 가는데, 아마 덩치 큰 미군이나 육상선수쯤은 돼야 혼자 다 먹을 수 있을 듯하다. 찰리 타코스를 비롯해 오키나와에는 가격 대비 양과 질이 훌륭한 음식점이 많아 입도 지갑도 즐겁다.

어쨌든 음식은 식기 전에 먹어야 한다. 세 가지 타코에 각각 들어간 주재료인 쇠고기, 닭고기, 참치에 싱싱한 양상추, 토마토, 치즈가 듬뿍 든 타코를 집어 살사소스를 얹어 먹었다. 촉촉하면서도 아삭한 식감에 고소한 맛이 입안 가득 퍼진다. 특히 재료를 감싼 토르티야가 색달랐다. 타코라면 당연히 구운 토르티야인(줄 알았는)데, 여기서는 기름에 튀긴 토르티야를 썼다.[18] 기름기가 살짝 많기는 했지만 도톰하고 바삭해서 씹는 맛이 있다. 시원한 맥주 한 잔 놓고 먹으면 순식간에 사라질 것 같은 맛이다. 이렇게 튀겨서 부풀린 토르티야로 만든 타코를 인디언 타코Indian taco 혹은 나바

---

18) 멕시코에서 먹는 토르티야는 부드러운 '빵'인데, 20세기 초 미국에서 오븐에 굽거나 기름에 튀긴 U자형 토르티야가 개발된다. '과자'에 가까울 만큼 바삭한 이 토르티야를 가리켜 '하드 셸 타코hard shell taco'라 한다.

세 종류의 타코와 타코라이스를 함께 맛볼 수 있는 세트.

호 타코Navajo taco라고 부르는데, 미국과 캐나다에서 많이 먹는다고 한다. 아무래도 오키나와에서는 미군이 선호하는 방식으로 만들다 보니 멕시칸 정통 타코보다 인디언 타코에 가까운 형태가 된 모양이다.

타코도 맛있지만 타코라이스의 맛도 매력적이다. 앞서 설명했듯 이 타코라이스는 미국식 타코가 일본의 쌀밥 문화를 만나 탄생한 퓨전 요리다. A사인 시대의 음식은 아니고, 1984년 오키나와 중부에 위치한 캠프 핸슨Camp Hansen 미군기지 인근의 타코 가게 파라센리パ一ラ一千里에서 개발했다(안타깝게도 파라센리는 2015년에 폐업했다고 한다). 멕시코 음식에 익숙하다면 타코라이스 역시 낯설지 않을 것이다. 타코에 들어가는 재료를 토르티야로 감싸는 대신 쌀밥 위에 얹어 먹는 것인데, 일본식 '부리토 볼Burrito bowl'[19] 같은 음식이라고도 말할 수 있겠다. 다만 부리토 볼은 모든 재료를 밥 위에 얹어 먹는데, 이곳에서는 양상추와 토마토를 따로 내왔다(부리토 볼처럼 재료를 밥 위에 전부 얹어 내놓는 곳도 있다 하니, 가게마다 다른 모양이다). 아마도 따뜻한 밥에 채소가 흐물흐물해지는 것을 막기 위해서인 듯했다. 먹기 전엔 밥과 살사의 조합이 낯설어 괜찮을까 싶

---

19) 부리토Burrito는 토르티야에 콩, 고기, 채소 등을 얹어 돌돌 말거나 네모나게 형태를 잡은 뒤 구운 멕시코 음식이다. 부리토 볼은 (타코 재료를 쌀밥 위에 얹은 타코라이스와 마찬가지로) 부리토 재료를 쌀밥 위에 얹은 음식이다.

었는데, 막상 섞어 먹어보니 잘 어울린다. 튀긴 빵의 느끼함이 싫다면 타코라이스를 먹는 것도 탁월한 선택이겠다.

찰리 타코스 본점

주소: (〒904-0004) 沖縄県 沖縄市 中央4丁目 11-5

영업시간: AM 11:00 ~ PM 9:00

정기휴무: 목요일

전화번호: +81) 98-937-4627

맵코드: 33 621 304*63

주차장: 인근 공영주차장 이용 (가게에서 주차권 발급받아 무료로 이용 가능)

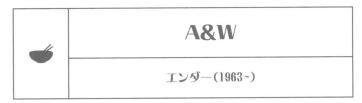

A&W	
エンダー (1963~)	

대학 시절, 소개팅을 하면 압구정동 로데오거리의 맥도날드가 '접선' 장소로 활용되곤 했다. 나는 강남 주민은커녕 서울시민도 아닌 경기도민이었는데, 여자친구를 만들어보겠답시고 왕복 4시간이나 걸리는 그 먼 곳까지 원정을 다녔다. 그런데 소개팅 상대도 강남에 살지 않는 경우가 많았다. 서로 압구정동과는 별 인연도 없으면서 군이 로데오거리의 맥도날드에서 첫 만남을 가진 것이다. 그렇다고 맥도날드에서 뭘 먹지도 않았고, 인사를 나눈 다음 압구정동 골목의 비싼 음식점과 카페를 오가며 용돈을 탕진했다.

한국의 맥도날드 1호점이었던 그곳은 1990년대만 해도 젊은이들에게는 만남의 장소였다. 서울올림픽이 개최된 1988년에 문을 열었는데, 〈응답하라 1988〉에도 크리스마스에 덕선이가 친구들과 함께 맥도날드 1호점에 놀러가는 장면이 나온다. 시끌벅적해서 소개팅 장소로는 부적절했지만, 영업 초창기만 해도 친구를 만나거나 데이트할 때 자주 찾는 '핫플레이스'였다.

맥도날드가 한국에서 햄버거를 처음 판 곳은 아니다. 1979년에 이미 롯데리아가 문을 열어 점포를 늘려가고 있었다. 그럼에도 맥도날드가 그렇게 인기를 끌었던 건, 그것이 햄버거의 본고장 미국에서 온 '정통 패스트푸드'였기 때문이다. 한국의 고도 경제 성장이 무르익고 국제화가 시작되면서 미국식 소비문화 유입의 신호탄이 된 게 바로 압구정 맥도날드였다. 말하자면 맥도날드는 미국을 상징하는 브랜드였고, 미국은 젊고 새롭고 색다른 무언가였다.

미국에서 패스트푸드가 인기를 끈 것은 한국보다 한참 앞선다. 'fast food'라는 단어가 붐을 일으키며 미국 메리엄 웹스터 사전에 등재된 게 1951년이고, 맥도날드가 프랜차이즈 사업에 본격적으로 나선 게 1955년이다. 이러한 패스트푸드 문화는 자동차 문화의 발달과 궤를 같이했다. 마이카 시대가 열리면서 패스트푸드점은 차에 탄 채로 주문도 하고 음식도 받는 드라이브인Drive-In 방식으로 설계됐고, 이는 A사인 시대의 오키나와에도 고스란히 들어왔다.

　오키나와에 미국 패스트푸드가 들어온 것은 1963년, A&W가 가데나 기지 인근에 오키나와 1호점을 내면서였다. 일본 본토의 KFC 1호점(1970년), 맥도날드 1호점(1971년)보다 훨씬 앞선 시기다. A&W는 미국 브랜드인 데다 사업자도 미국인이어서 오키나와 사람들처럼 따로 A사인 심사를 받을 필요가 없었다.

　오키나와의 A&W는 미국처럼 드라이브인 방식으로 운영됐다. 주차를 한 뒤 운전석 가까이에 설치된 마이크에 대고 주문하면 점원이 음식을 가져다줬다. 당시 오키나와 미군기지 안에는 패스트푸드 매장이 없었다고 한다. 휴가나 외출로 기지 밖으로 나온 미군 병사는 물론, 오키나와에 머물던 많은 미국인이 유행처럼 A&W를 찾았다. 이후 오키나와의 경제 형편이 나아지면서 현지 젊은이들에게도 폭발적인 인기를 끌었다. 이 같은 성공에 힘입어 A&W는 나중에 일본 본토에도 매장을 여러 곳 냈는데, 지금은 경영난으로 인해 전부 철수하고 오키나와에서만 운영 중이다(놀랍게도 점포 수가 29개로 적지 않다). 현지 주민들에게는 '엔다ェンダ-'라는 별명으로 불리며 여전히 사랑받는 브랜드다.

　여러 점포 중 옛 느낌이 가장 잘 살아 있는 우라소에浦添시의 마키미나토牧港점을 찾았다. 1969년에 문을 연 곳인데, 멀지 않은 곳에 후텐마 기지가 있다. 오키나와 내 2호점으로 개업한 마키미나토점은 일본 본토에서 온 관광객들에게 '인스타그램 명소'로 유명한 곳이다. 외관이(물론 내부도) 매우 근사하기 때문이다. 옛날 극장 앞에 걸렸음 직한 대형 삽화 간판이 설치되어 있는데, 낡은 건물과 어우러져 1960~1970년대 영화의 한 장면을 보는 것만 같다. 이 때문에 오키나와에서 개최되는 클래식카 관련 행사 때에도 포토존으로 각광받는다. 참가자들이 이 거대한 삽화 간판 앞에 차를 세워놓고 인증샷을 찍어 가는 것이다. 이처럼 미군정 시절의 옛 모습을 유지하며 향수를 불러일으키는 덕택에 오키나와 주민들도 일부러 찾아가는 등 '레트로 성지' 대접을 받고 있다. 미국에서 건너온 패스트푸드 프랜차이즈이기는 하지만, A사인 시대의 흔적이 짙게 남아 있어 둘러볼 만하다. 더불어 오키나와의 A&W에서는 현지화된 메뉴인 벤토밀Bento Meal도 판매한다. 햄버거, 치킨버거의 덮밥 버전이다. 빵 대신 흰 쌀밥 위에 쇠고기 패티나 치킨커틀릿, 치즈, 소스 등을 얹어 내놓는데, 타코의 퓨전 스타일인 타코라이스를 연상시킨다.

　주차한 자리 옆에는 주문용 마이크가 설치되어 있었다. 녹슬고 얼룩진 게 한눈에 보기에도 무척 오래된 듯했지만 여전히 제 기능을 하고 있다. 물론 우리는 음식을 차 안에서 먹을 생각이 없었고 내부가 궁금하기도 해 매장 안으로 들어갔다. 녹색 천을 덧댄 소파나 나무 바닥, 벽에 걸린 조명 등은 뜻밖에도 패스트푸드점이라

기보다는 미국 영화에 흔히 나오는 다이너(간이식당)를 연상케 했다. 하기야 다이너도 햄버거나 감자튀김, 오믈렛 같은 간단한 음식을 파는 곳이니 어떤 면에서는 패스트푸드점이라고 할 수 있겠다. 결코 세련되지 않은 카운터 너머로 낡았지만 잘 관리된 듯 깔끔한 주방이 보인다. 햄버거를 먹고 있는 손님들 중 대다수는 머리가 희끗희끗한 장년층이었다. 오키나와에서는 패스트푸드가 일찍부터 인기였으니, 누군가는 여기서 젊은 시절을 곱씹을지도 모르겠다. A&W가 일본 전역 중 유일하게 오키나와에서만 살아남을 수 있었던 건, 어쩌면 향수를 불러일으키는 특유의 분위기 때문이 아닐까 싶다.

앞서 언급한 벤토밀을 제외하면 메뉴 구성은 다른 패스트푸드 프랜차이즈와 비슷하다. 햄버거, 샌드위치, 핫도그 등이 있는데, 아홉 종류의 햄버거 단품은 속재료에 따라 가격이 다르지만, 전부 230~650엔 사이로 부담없다. A&W는 미국에서 루트비어 Rootbeer로 특히 유명한 레스토랑 체인인데, 인원 수에 맞춰 루트비어를 주문하면 무제한 리필이 가능하다. 하지만 갈 식당이 많은 우리는 루트비어 대신 브랜드 이름을 내건 'A&W 버거' 세트(단품 650엔, 세트 800엔)를 주문했다. 몇 분 지나지 않아 나온 햄버거는 '역시 패스트푸드점 음식도 일본답네' 싶은 생김새다. 번 위에 말 그대로 깨알같이 붙어 있는 깨의 양에 우선 놀랐다. 상추는 전혀 흐

A&W 마키미나토점 내부. 옛날 미국 영화에서 자주 본 듯한 분위기다.

물거리지 않고 파릇파릇하다. 쇠고기 패티에 토마토, 어니언링, 크림치즈, 햄 등 속재료도 충실하다. 워낙 두툼해서 들고 먹기가 힘들 정도였다. 하지만 맛은 기대 이하. 아니, 그보다는 '투 머치'라는 표현이 적당하겠다. 다양한 재료가 조화를 이루지 못한 채 따로 노는 느낌이랄까. 미국식으로 풍성하게 들어간 크림치즈는 내 입맛에 다소 느끼했다.

어쨌든 모든 패스트푸드점이 그러하듯이, A&W는 관광객이 즐겨 찾는 시내 중심부나 쇼핑몰, 공항 등에 입점해 있어 여행 중에 접하기 쉽다. 마키미나토점처럼 도로변에 세워진 드라이브인 지점도 많다. 차탄北谷정에 위치한 산에하비타운サンエーハンビータウン점은 도보 2~3분 거리에 아라하アラハ 해수욕장이 있어 수영이나 서핑을 즐기다 출출해지면 간식으로 먹기에도 좋다.

A&W 미나키미나토점

주소: (〒901-2131) 沖縄県 浦添市 牧港4丁目 9-1
영업시간: 24시간
정기휴무: 없음
전화번호: +81) 98-876-6081
맵코드: 33 342 468*11
주차장: 있음

手打ちそば きしもと 食堂

아와모리와 드라이브인

泡盛とドライブイン

1972년, 오키나와는 미군정의 지배에서 벗어나 다시 일본의 영토로 돌아갔다. 앞서 말했듯이 미군정하에서 미군은 주민들에게서 땅을 강제로 빼앗아 기지를 세웠다. 토지 사용료를 지불하기는 했지만 말도 안 되는 헐값이었고, 반발하는 이들은 무력으로 제압했다. 특히 1960년 베트남전쟁이 발발하자 오키나와는 미군의 후방지원 거점으로 활용됐다. 섬 전체가 전시 체제에 휘말리며 고통받아야 했고, 가데나 기지에는 핵무기가 배치됐다. 여기에 미군 병사들로 인한 강력 범죄까지 끊이지 않자 오키나와 주민들 사이에 미군에 대한 반감이 생겨난 건 당연한 일이었다. 1960년 오키나와현조국복귀협의회沖縄県祖国復帰協議会 결성을 계기로 반전·반미 운동의 불씨가 곳곳으로 번지며 격렬한 폭력시위도 벌어졌다.

때마침 미국 내에서는 1960년대 후반부터 베트남전의 정당성에 의문을 품은 지식인들이 주축이 되어 반전·평화운동이 시작된다. 이러한 여론에 힘입어 1968년 대선에서 소모적 군사 개입 중단을 공약으로 내건 공화당의 리처드 닉슨Richard Nixon이 당선된다. 닉슨은 당선된 다음 해에 미군의 아시아 방위 개입을 축소하는 '닉슨 독트린'[1]을 발표한다. 냉전 체제에서 소련, 중국과 대립하며 아시아 내 패권을 유지하기 위해 투입해온 국방비와 경제 원조 규모를 줄이고, 그 힘을 미국 내 경제 발전에 쏟아 지지율을 올리려는 의도였다.

한편, 제2차 세계대전 패전으로 인해 모든 것이 무너졌던 일본은 한국전쟁 특수로 고도성장을 이룬다. 1964년에는 도쿄올림픽을 개최하는 등 강해진 국력을 대내외에 과시했다. 일본 정부로서는 광대한 해역에 걸쳐 있는 오키나와를 다시 영토로 삼아 국가 위상을 세우는 한편, 본토에 주둔해 있는 미군을 오키나와로 내보

---

1) '닉슨 독트린'에 따라 정전협상이 이뤄지면서 베트남전쟁은 종결됐으며, 한국에서도 주한미군 병력이 대거 철수했다.

내 민심을 잡겠다는 노림수도 있었을 것이다. 오키나와 반환은 이렇게 미국과 일본의 계산이 맞아떨어지며 추진됐다. 1969년 미일 정상회담에서 양국 정상이 오키나와 반환에 합의한 뒤 1972년 5월 15일, 오키나와는 일본의 현으로 재편입됐다.

하지만 반환 이후에도 오키나와 미군기지는 그대로 남았다. 이는 오키나와를 돌려받은 일본 정부가 우선적으로 해결해야 하는 문제가 됐다. 일본은 정부 예산으로 미국을 대신해 주민들에게 사용료를 지불했고(미군이 지불하던 사용료보다 여섯 배나 높았다), 미군기지 주변에 거주하는 주민들의 불만을 해소하기 위해 보상금을 지급했다.[2] 돈으로 입막음을 함으로써 반미항쟁의 불씨를 꺼뜨리려는 전략이었다. 실제로 많은 주민이 이 돈을 받았다. 반미 및 반정부 여론은 그만큼 힘이 빠질 수밖에 없었다. 오키나와의 중앙정부 재정 의존도는 점점 커졌고, 경제적으로 미군기지 사용료 및 보상금의 비중도 커졌다.

이러한 가운데 일본 정부는 오키나와의 관광산업 육성에 적극 나섰다. 본토 일본인들이 여권 없이도 자유롭게 오키나와를 드나들 수 있게 됐기 때문이다. 미군정 시대에는 출입국 심사 등 오가는 과정의 번거로움 때문에 오키나와를 찾는 관광객이 많지 않았

2) 아라사키 모리테루, 《오키나와 이야기》, 김경자 옮김, 역사비평사, 2016.

다. 1945년 오키나와전 당시 전사한 일본군의 유족이 성묘를 하러 오는 경우가 대부분이었다.

아열대기후인 오키나와의 풍광은 온대기후에서 살아가는 본토 일본인들에게 이국적이고 색다른 것이었다. 투명한 에메랄드빛 바다와 백사장이 어우러진 아름다운 풍경은 성묘를 다녀온 본토 일본인들을 통해 차츰 입소문이 퍼져나가기 시작했다. 1956년 1만 3,204명에 불과했던 연간 오키나와 방문객 수는 꾸준히 늘어 1971년에는 20만 3,769명에 이르렀다. 덕분에 관광 인프라도 차근차근 구축됐다.

그런데 일본으로 재편입된 1972년에는 연간 방문객 수가 44만 3,692명으로 전년 대비 두 배 이상 폭증했고, 다시 1년 뒤인 1973년에는 74만 2,644명으로 무려 30만 명이나 늘었다.[3] 일본에서는 고도 경제 성장으로 여행이나 레저 산업이 한창 붐을 일으키던 시기였다. 경치가 좋다 싶은 오키나와 바닷가에는 호텔이며 리조트가 즐비하게 들어섰다.

이러한 변화는 오키나와 외식업계에도 큰 영향을 미쳤다. 외지에서 온 관광객들이 미군이나 현지 주민보다 더 많은 테이블을 차

3) 1975년 일본 정부가 오키나와 국제해양박람회를 개최해 연간 방문객 수가 155만 8,059명에 이르면서 오키나와는 대표적인 관광지로 자리매김했다.

지하기 시작했다. 자연스레 관광객을 상대로 한 관광음식점이 대거 개업했다. 여행 온 이들이 밤에 향토요리를 안주 삼아 술을 마시는 이자카야도 늘었다. 오키나와 전통주인 아와모리가 부활한 것이 바로 이 시기다.

아와모리는 1460년 류큐 왕이 조선 세조에게 진상한 기록이 있을 정도로 오랜 세월 마셔온 전통주다. 하지만 오키나와전 당시 주조장이 대부분 파괴되면서 생산이 급감했다. 도수가 높은 독주인 데다 쓴맛이 강해 미군정 시절에는 위스키 등 고급 양주에 밀려 싸구려 술 취급을 받았다. 그런데 1972년 이후 이자카야를 개업한 점주들이 아와모리 되살리기에 적극 나섰다. 관광산업에서 역사나 전통은 언제나 중요하게 마련이다. 이들은 아와모리를 오키나와 음식에 잘 어울리는 고급 향토주로 마케팅을 했고, 이러한 전략은 잘 맞아떨어졌다.

그런데 관광객들이 오키나와 음식을 좋아하기만 한 건 아니었다. 현지인들이 즐겨 먹는 삶은 돼지고기나 미국식으로 구운 쇠고기 맛에 적응하지 못하는 일본인들도 많았다. 그래서 당시 본토 외식업계에서 인기가 높았던 음식들이 대대적으로 유입된다. 오키나와 사람들에게는 별로 익숙하지 않던 스시, 야키니쿠やきにく(고기구이), 돈가스, 카레라이스, 가라아게, 치킨난반チキン南蛮[4] 등이 대표적이다.

나하 시내를 오가는 모노레일인 유이레일. 오키나와에서는 유일한 철도노선으로, 2003년에 개통했다.
©OCVB

한편 1972년 즈음에 오키나와의 주요 도로변에는 드라이브인[5] 음식점이 속속 들어섰다. 오키나와전 당시 철도가 완전히 파괴됐기 때문에 관광객들은 이동 시 관광버스나 렌터카를 이용해야 했기 때문이다. 철도가 파괴됐다면 도로도 성치 않았을 테지만, 반환 이후 일본 정부의 관광산업 육성 정책에 힘입어 오키나와 곳곳에 도로가 건설됐다(도로뿐만 아니라 공항, 항구 등이 들어서거나 개선됐다). 이러한 공공 인프라 구축에 필요한 막대한 자금을 충분히 감당할 수 있었던 데서 보듯이, 한국전쟁 이후 일본은 그야말로 아시아의 경제대국으로 재건됐다. 아이러니하게도 오키나와에 돈을 쏟아부을 수 있을 만큼 일본 본토는 눈부신 성장을 이뤘지만, 오키나와로서는 중앙정부 재정에 의한 건설사업이 발달했을 뿐, 관광산업(역시 일본 정부의 육성 정책에 의한) 외에 다른 산업이 발달하지 못해 외부에 대한 경제 의존도가 큰 기형적인 경제 구조가 초래됐다.[6]

어쨌든 도로변에 주차장까지 완비한 이 식당들은 이용이 편리해 인기를 모았다. 이들 드라이브인 레스토랑에서는 오키나와 향

---

4) 타르타르 소스를 얹어 먹는 일본식 닭가슴살 튀김.

5) 앞서 A&W의 드라이브인(주차장에 설치된 마이크에 대고 음식을 주문하면 점원이 차량까지 가져다주는 시스템)에 대해 살펴봤는데, 일본에서는 넓은 주차시설을 갖추고 도로변에 세워진 점포를 가리킬 때에도 (잠시 차를 대고 쇼핑이나 식사를 할 수 있다는 의미에서) 이 용어를 사용한다.

6) 아라사키 모리테루, 앞의 책.

토음식에서부터 미국 음식, 본토에서 건너온 음식까지 모두 메뉴에 올렸다. 관광객 손님들의 다양한 입맛에 맞추기 위해서였다. 특히 이동 중에 간편하면서도 맛있게 한 끼를 해결할 수 있는 A·B·C 런치와 벤토弁当(일본식 도시락)가 큰 사랑을 받았다.

72년생 음식을 맛보고자 선택한 곳은 두 군데다. 아와모리는 1972년 나하시에서 문을 연 이자카야 우리즌うりずん에서, 드라이브인 레스토랑은 1972년 오키나와시에서 개업한 오크 레스토랑オークレストラン에서 체험해보기로 했다.

오키나와? 우치나?

일본에서도 한국에서도 '오키나와'라 부르지만, 정작 오키나와 현지에서는 자신들 섬을 가리키는 또 하나의 별칭이 있다. 오키나와 말로 오키나와를 칭하는 '우치나うちなー(혹은 ウチナー)'가 그것이다. ー는 장음부호로 길게 읽기 때문에 현지 발음으로는 '우치나아'에 가깝다. 이 단순해 보이는 명칭 문제조차 오키나와·일본 역사와 깊이 결부되어 있기 때문에 자세히 설명하려면 훨씬 많은 지면이 필요할 것이다.

어쨌든 본래 우치나는 류큐왕국을 구성한 여러 섬 가운데 수도 슈리(현재의 나하)가 위치한 본섬을 가리켰으나 지금은 오키나와현 전체를 아우르는 말로 통한다. '오키나와 사람'이나 '오키나와 말' 역시 다른데, 오키나와 사람은 우치난추ウチナーンチュ, 오키나와 말은 우치나구치ウチナーグチ라 한다.

우치난추는 (우치나와 마찬가지로) 과거에 오키나와 본섬 주민만을 지칭했으나 지금은 오키나와현 주민 전체를 뜻한다. 이 단어는 미국, 브라질 등 전 세계 각국의 오키나와계 이민자 및 후손들이 친목을 도모하기 위해 5년마다 개최하는 '세계 우치난추 대회世界の

ウチナーンチュ大会' 같은 명칭에도 쓰인다. 요컨대 우치난추는 일본에 정복당하기 이전, 즉 독립된 국가로서 존재했던 류큐왕국을 기억하는 표현이자 '나는 일본인이 아니다'라는 의사표현이기도 하다. 이런 표현이 있다면 일본 본토인을 지칭하는 표현도 있을 터. 일본인은 '야마톤추ヤマトンチュー'라 한다.

한편 우치나구치는 오키나와 고유의 언어를 의미한다. 근현대에 일본어의 영향으로 변형된 지역 사투리는 우치나야마토구치ウチナーヤマトグチ(야마토는 일본 본토를 뜻하는 말)라 한다. 우치나야마토구치는 방언 수준으로 일본 표준어와 크게 다르지 않지만, 우치나구치는 일본인들에게 거의 외국어로 들릴 만큼 차이가 확연하다.

우리즌

うりずん (1972~)

식도락 여행에서 향토주가 빠질 수 없다. 오키나와를 찾은 많은 관광객이 나하 국제거리 등 곳곳의 이자카야에서 류큐 궁중요리를 안주 삼아 아와모리를 마시곤 한다. 앞서 말했듯 이 술은 미군정 시절 명맥이 끊기다시피 했다가 1972년 일본 재편입 이후 부활한 역사가 있다. 당시 아와모리 되살리기에 앞장선 대표적 인물이 쓰치야 사네유키土屋實幸다. 그는 2015년 73세의 나이로 세상을 떴는데, 당시 《류큐신보》 등 지역신문에 '아와모리 발전 및 보급에 공헌한 주인공'으로 소개되며 추모 기사가 크게 실렸다. 쓰치야가 아와모리 부활에 힘썼던 현장이 나하 아사토安里 지역에 자리한 이자카야 우리즌이다.

아와모리는 류큐왕국 시절 샴왕국(태국)과 교역하며 현지의 쌀과 제조법을 들여와 빚기 시작한 술이다. 동남아나 인도에서 주로 재배하는 인디카Indica 쌀[7]과 흑설탕으로 만든 증류주다. 보통 도수가 40~50도에 이를 정도로 높고, 알코올 향과 쓴맛이 강한 독주다. 이 때문에 수입 위스키가 대세였던 미군정 시절에는 싸구려 술, 가난한 서민이나 마시는 술로 치부됐다. 아와모리는 양주나 맥주에 밀려 술집 구석에 깊숙이 숨겨져 있다가 간혹 찾는 손님이 있을 때만 잠깐 꺼내지곤 했다.

쓰치야는 이런 현실을 개탄하며 일본이 오키나와로 재편입된 1972년에 아와모리 전문 이자카야, 우리즌을 개업했다. 나하에서 태어나 애향심이 남달랐다는 그는, 생전에 아와모리를 세계적인 술로 만들겠다는 말을 입버릇처럼 했단다. 아와모리를 그저 민속주가 아니라 류큐의 소중한 문화유산으로 여겼다는 것이다. 이런 뚜렷한 신념으로 주변의 염려, 만류, 무시에도 아랑곳하지 않고 오직 아와모리만 팔았다. 하지만 위스키의 향과 맛에 익숙해진 현지인이나 아와모리를 잘 알지 못하는 본토 관광객들 모두에게 외

7) 가느다랗고 긴 모양에 가벼운 식감이 특징으로, 우리가 흔히 '안남미'라 부르는 쌀이다.

면당했다. 장사가 고전을 면치 못해 문을 닫을 위기에 처하자 점심시간에 벤토를 만들어 팔기도 했다. 그러면서도 '오키나와 술은 아와모리'라는 고집만큼은 절대 꺾지 않았다고 하니, 일본에서 장사를 한다는 건 대체 어떤 일인가 싶다.

심지어 직접 술을 담그기도 했다. 아와모리를 10년 정도 숙성시키면 바닐라 향을 연상시키는 특유의 향이 살아나 맛이 훨씬 좋아지는데, 오키나와에서는 이를 구스古酒라 부른다. 슈리성에는 류큐왕국 시절에 주조해 200~300년 숙성시킨 구스가 가득 보관돼 있었으나, 오키나와전 당시 성이 파괴될 때 함께 사라졌다. 성 바깥에서도 주조장 대부분이 폭격으로 사라져 질 좋은 구스를 구하는 게 거의 불가능했다. 이에 우리즌에서는 개업 5년째 되던 해부터 아와모리를 빚어 저장하기 시작했다. 수십 년 뒤 찾아올 손님들에게 구스의 참맛을 알리겠다는 꿈에서였다. 이때, 그러니까 1977년부터 빚은 구스가 우리즌에서 팔리고 있다.

아와모리에 대한 쓰치야의 고집이 빛을 발한 건 장사를 시작한 지 7~8년이 지난 뒤였다. '오키나와다운 것'을 찾는 관광객들 사이에서 향토주에 대한 관심이 점차 높아진 것이다. 이때부터 우리즌은 '아와모리의 명소'로 널리 알려지며 지금까지도 문전성시를 이루고 있다.

어쨌든 '우리즌'은 오키나와 방언으로, 음력 2~3월경의 환절기

를 뜻한다. 음력 2~3월이면 한반도나 일본 본토에서는 초봄을 만끽하는 시기지만, 아열대 기후에 속한 오키나와는 계절의 변화가 조금 다르다. 이 시기에 오키나와는 대지와 대기에 촉촉함이 맴돌며 초목이 파릇해진다. 사계절로 치면 초여름에 해당한다. 가게가 문을 연 1972년은 오키나와가 미군정에서 벗어나 새출발을 하는 해였고, 아울러 아와모리도 향토주로서의 역사를 다시 시작하는 해였으니 '우리즌'이라는 이름이 여러모로 잘 어울린다. 부드럽게 이어지는 발음이 듣기 좋은 점도 가게 이름으로 채택하는 데 한몫했단다.

본점에 손님이 넘쳐나자 분점도 세 곳 냈다. 나하 시내에 파야오ぱやお(특이하게도 분점인데 이름이 다르다)가 두 곳 있고,[8] 도쿄에도 분점(도쿄 우리즌)이 있다. 물론 우리는 1972년부터 같은 자리에서 영업해온 본점을 찾았다. 워낙 손님이 많은 곳이라 자리 잡기가 쉽지 않다고 해 오키나와로 가기 한참 전에 전화로 예약했다. 회색으로 칠해진 2층 목조 건물은 개업 당시 그대로다. 현 점주인 요시미 마키코吉見万喜子 씨는 '오래된 것을 소중하게 지켜야 한다'는 창업자의 뜻을 이어받아 칠이 벗겨져도 옛 모습을 지킨단다. 과연

---

8) 사카에마치栄町점, 이즈미자키泉崎점이다. 해산물 안주가 주 메뉴로 우리즌과는 메뉴 구성이 다소 다르며 아와모리, 와인, 칵테일 등 다양한 술을 취급한다.

우리즌 1층 모습. 토벽과 나무 기둥이 어우러져 편안한 분위기를 자아낸다.

40년 넘는 세월이 고스란히 스며든 건물이 운치 있다. 오래된 목조 건물만이 갖는 부드러운 분위기에 은은하게 새어나오는 불빛이 아늑함을 더한다. 하얀 노렌이 걸린 입구 양옆으로는 가지각색의 푸른 정원수를 빼곡히 심어놓아 싱그럽다. 문 위로는 나지막이 기와를 올려 전통미를 살렸는데, 기와 위에서 험상궂은 표정을 짓고 있는 시사의 머리 석상은 오키나와에 왔음을 다시금 확인시켜 준다.

안에 들어가니 이른 저녁임에도 카운터석이며 테이블석이며 벌써 불콰하게 취한 이들로 가득하다. 과연 아와모리의 명소답게 1층에는 빈자리 하나 보이지 않았다. 손님 많은 술집이 그러하듯 왁자지껄 소란스럽다. 흙을 바른 벽에 나무 기둥이 가로지르고 있는 실내에서도 노포 느낌이 물씬 난다. 나중에 알고 보니 창업 당시 오키나와의 유명한 전통 도예가에게 인테리어를 맡겼다고 하는데, 음식도 자기 접시에 담겨 나와 아와모리에 더없이 잘 어울린다.

우리가 안내받은 예약석은 2층이었다. 1층은 입식이고 2층은 다다미가 깔린 좌식인데, 1층 계단에서부터 신발을 벗고 올라가야 했다. 2층 벽 선반에는 크고 작은 술항아리가 즐비했고, 한편에는 오키나와 전통악기인 산신三線[9]과 북이 장식되어 있었다. 우리가 들어갈 때는 빈자리가 딱 한 군데 보였는데, 10분도 지나지 않아 예약한 손님들이 오면서 2층도 이내 만석이 됐다. 역시 예약이 필수인 곳이다. 외관과 마찬가지로 실내도 1972년 이래 손댄 적이 없다는데, 그래서인지 다다미 좌석에서 퀴퀴한 냄새가 조금 났다. 어차피 술을 마시면 후각은 재빨리 마비될 테니 상관없다.

아와모리 전문점이지만, 류큐 궁중요리 등 향토음식 안주로도 유명한 곳이다. 술 좋아하는 아내는 주류 메뉴를, 음식에 더 관심이 많은 나는 안주 메뉴를 먼저 살폈다. 오키나와 각지의 주조장에서 생산된 아와모리와 아와모리 칵테일, 오리온 맥주가 있었는데, 우리즌에서 직접 빚은 8년산(1,296엔), 12년산(1,458엔), 20년산(3,456엔) 구스가 세 종류 있었다(구스는 작은 도자기병 단위로 판다).

아내는 '우리즌 특제 구스 8년산うりずん特製古酒 8年もの'을 주문했다. 우리즌에서 직접 빚어 8년간 숙성시킨 아와모리로, 도수는 30도라 한다. 술을 골랐으니 이제 안주를 고를 차례다. 고민 끝에 우리즌의 대표적인 음식 열 가지를 조금씩 맛볼 수 있는 '우리즌 정식うりずん定食'(3,240엔)을 시켰다.

손바닥만 한 작은 병에 담겨 나온 우리즌 특제 구스는 뜻밖에도 소주와 맛이 비슷했는데, 도수가 더 높아서인지 알코올 향이 강했다. 아내가 애주가이기는 해도 독주를 꺼리는 편이라 이러다가는

---

9) 중국 푸젠성福建省에서 전래한 오키나와 전통 현악기로, 뱀가죽으로 만든다. '샤미센'이라고도 부른다.

도자기병에 담겨 나온 아와모리 구스.

우리즌까지 온 보람도 없이 다 남기고 갈 판이었다. 결국 같이 나
온 얼음을 잔뜩 넣고 물을 섞어 묽게 마셨다. 점원이 말하기를 스
트레이트로 마시는 이들도 많다는데, 웬만한 주량이 아니고서야
스트레이트로 즐기기에는 너무 세지 않나 싶다. 어쨌든 그렇게 희
석해서 꽤 많은 잔을 비웠는데도 이 앙증맞은 술병은 꼭 마법의
병이라도 되는 것처럼 줄기차게 술을 쏟아냈다.

　우리즌 정식에는 라후테, 곤부이리치昆布イリチ―,[10] 두루텐ドゥル

10) 다시마에 돼지고기, 가마보코 등을 넣어 볶은 요리. 얼핏 보면 미역줄기볶음처럼 생겼다.

류큐 궁중요리를 이것저것 다양하게 맛볼 수 있는 우리즌 정식. 대부분 맛있었지만, 오른쪽 아래에 놓인 동글동글한 사타안다기와 왼쪽 아래에 놓인 돼지내장탕은 좀 힘들었다.

天, 생선회, 지마미 두부ジーマーミ豆腐,[11] 스누이スヌイ,[12] 주시, 돼지 내장탕, 사타안다기サーターアンダーギー[13] 등이 포함되어 있었다. 술안주라 전체적으로 간이 짭짤한 편이었는데, 돼지 특유의 냄새가 강한 내장탕과 기름범벅인 사타안다기를 제외하고는 입에 잘 맞았다. 특히 두루텐은 우리즌에서 아와모리에 곁들일 안주로 직접 개발한 것이라고(점장이 강력 추천했다). 오키나와 감자에 돼지고기, 가마보코(어묵), 버섯 등을 곱게 다져 넣어 튀긴 고로케다. 지금은 오키나와 곳곳의 이자카야에서 맛볼 수 있지만, 우리즌이 원조라고 한다. 땅콩으로 만든 지마미 두부도 별미다. 콩이 아닌 땅콩으로 만들었는데도 두부라 부르는 건 만드는 방법이나 생김새가 비슷해서인데, 식감은 진득하니 꼭 푸딩 같다. 땅콩의 고소한 풍미가 가득해 계속 손이 간다.

　정식 하나로도 둘이서 충분히 먹긴 했지만, 술이 남았다. 아내가 분발한 덕에 다 남길지도 모른다는 걱정은 이미 무색해졌고, 각자 막잔을 하고 가기에 딱 좋은 양이 남았다. 그렇다면 안주 하나를 더 시키는 게 인지상정이다. 가볍게 스쿠가라스 두부スクガラス豆腐

---

11) 땅콩에 전분을 섞어 만든 두부. 일본어 발음으로는 '지마미 도후'라 한다. 지마미는 오키나와 말로 땅콩을 뜻한다.
12) 오키나와 바다에서 나는 해초. 주로 식초에 무쳐 먹는다.
13) 밀가루, 달걀, 설탕으로 반죽해 기름에 튀겨 먹는 향토과자. 중국에서 전래한 것으로, 도넛과 유사하다.

우리즌에서 개발해 오키나와 이자카야의 대표 안주가 된 두루텐(위). 짜디짠데 자꾸 젓가락이 가는 마성의 스쿠가라스 두부(아래).

(324엔)를 주문했다. 스쿠가라스는 여름철에 오키나와 해안에서 잡히는 독가시치의 치어로 만든 젓갈이다.[14] 소금을 잔뜩 넣어 오키나와의 무더운 날씨에도 상하지 않도록 고안된 향토음식이다. 식재료가 부족했던 옛날엔 귀중한 단백질 공급원이었다는데, 요즘은 짭짤한 맛 때문에 술안주로 인기가 높단다. 염장한 치어 여덟 마리가 두부 위에 통째로 올라간 모습이 재밌기도 하고 안쓰럽기도 하다. 다 자라지도 못한 채 젓갈 신세가 된 물고기들에게 잠시 명복을 빌어준 뒤 입안에 넣었다. 놀랄 만큼 짜다. 물론 젓갈의 짠맛은 곧 두부가 부드럽게 달래준다. 그렇게 두부에 치어 한 마리를 얹어 먹으니 은근히 중독성이 있었다. 결국 아와모리는 한 방울도 남기지 않고 전부 목 너머로 넘긴 채 우리즌을 나섰다. 8년을 숙성시킨 술이라 그런지 살짝 취할 정도로 마셨는데도 다음 날 숙취가 없었다.

가게를 나와 아내와 손잡고 오키나와의 녹녹한 밤바람을 쐬며 천천히 걸었다. 취기는 금세 사라지고 기분이 좋아졌다. 결혼 10주년 기념일의 밤이 그렇게 지나가고 있었다. 파리 미슐랭 3스타 레스토랑의 돔페리뇽 자축 파티 계획을, 나하 이자카야의 아와모

---

14) 농어목에 속하는 물고기로, 지느러미에 독이 있는 가시가 있다. 일본어로는 '아이고アイゴ'라고 하며, 이것의 치어를 '스쿠スク'라 한다.

리 한 병과 맛깔스런 오키나와 향토식 안주로 대신했다. 그런데 왜지? 소소하게 보낸 둘의 만찬이 더 행복하게 느껴지는 건. 이심전심인지, 나란히 걷고 있던 아내의 하이톤 독백이 들려온다. "아, 너무 좋다!"

우리즌

주소: (〒902-0067) 沖縄県 那覇市 安里 388-5

영업시간: PM 5:30 ~ AM 0:00

정기휴무: 없음

전화번호: +81) 98-885-2178

맵코드: 33 158 564*52

주차장: 없음(유이레일 아사토역 인근)

오크 레스토랑

オークレストラン (1972~)

오키나와 외식업계에 드라이브인 매장이 도입된 건 미군정 시절이다. 앞서 살펴본 A&W나 블루씰 아이스크림 매장이 대표적이다. 모두 자동차로 이용하기 편리하도록 넓은 주차장을 확보하고 도로변에 자리했다. 이러한 시스템은 일본 재편입 이후 관광객이 폭증하면서 더욱 대중화된다. 오키나와 본섬의 남부와 북부를 자동차로 오가다 보면 드라이브인 레스토랑에서부터 편의점, 대형 마트, 도시락 가게, 카페 등을 계속 지나게 된다.

관광산업이 움튼 1972년에도 본토 관광객들이 늘어나리라는 기대 속에 드라이브인 레스토랑이 속속 들어섰다. 이들 식당은 본토 관광객들의 입맛을 고려해 일본풍 경양식, 미국 음식, 오키나와 향토음식 등 다양한 메뉴를 갖췄다는 공통점을 띤다. 특히 가격에 따라 구성이 조금씩 다른 경양식 점심세트 'A·B·C 런치'가 대표 메뉴다.[15] 보통 밥과 함께 여러 반찬이 제공되는 식인데, 가게마다 런치에 올리는 음식이 다르다. 가장 비싼 A런치는 햄버그스테이크, 돈가스, 새우튀김, 오믈렛, 치킨 가라아게 등 다양한 음식이 한꺼번에 곁들여져 가장 화려하다. 오키나와에서는 매년 드라이브인을 비롯한 식당들이 경양식 점심 정식의 맛을 놓고 경연하는 'A런치 대회'가 열리기도 한다.

중부 오키나와시의 오크 드라이브인 레스토랑(공식 명칭은 오크 레스토랑), 하이웨이 드라이브인, 남부 하에바루南風原정의 하에바루 드라이브인 등이 1972년에 문을 연 드라이브인 레스토랑들이다. 이 중 하에바루 드라이브인은 2016년 폐업했고, 하이웨이 드라이브인은 2015년 다른 장소로 이전했다. 오크 레스토랑만이 우직하게 남아 있어 이곳을 찾았다.

오키나와 본섬에서 남쪽과 북쪽 사이를 오갈 때 이용하는 도로

---

15) 미군정 시절 오키나와의 한 레스토랑에서 정식 메뉴를 가격별로 A, B, C라 구분하던 것에서 비롯됐다고 한다.

는 크게 세 개다. 유료도로인 오키나와 자동차도로가 있고, 무료도로인 58번 국도와 329번 국도가 있다. 58번 국도는 섬의 서쪽을, 329번 국도는 동쪽을 달린다. 오크 레스토랑은 329번 국도변에 자리해 있다. 도로를 면한 건물 외벽에 '오크 드라이브인オークドライブイン'이라는 글자가 큼지막하게 붙어 있어 멀리서도 눈에 띈다. 눈에 띄기야 하는데…… 잘못 찾아왔나 싶다. 이름만 보고 근사한 옛식 목조 건물을 상상했는데, 결코 그렇지 않다. 오히려 콘크리트에 벽돌, 철골이 마구 뒤섞여 있어 볼품없다는 생각이 들 정도다. 더욱이 도로변에 위치해 주변 풍경이 횡하다 못해 황폐하다. 노포가 풍기는 매력이 하나도 없다. 그런데 주차장은 꽉 차 있다. 음식은 맛있나 보다.

입구로 들어가니 작은 대기실처럼 꾸며놓은 공간이 나온다. 벽에는 1972년 당시 가게를 찍은 흑백사진이 걸려 있는데, 지금 모습과는 사뭇 다르다. 나중에 증축하면서 자재들을 덕지덕지 덧붙인 모양이다. 흑백사진 속 모습을 그대로 유지했다면 훨씬 레트로한 느낌이 났을 텐데 하는 아쉬움이 들지만, 내 가게가 아니니까. 사진 옆에는 유명인들의 사인이 붙어 있다(이제는 이런 사인이 없으면 노포가 아닌가 싶다). 그런데 반가운 사인이 눈에 띈다. 이승엽, 구자욱, 최충연 등 삼성라이온즈 선수들이 남기고 간 것이다. 아마 오키나와 전지훈련을 왔다가 오크 레스토랑에서 식사하고 간 모양이다. 그 옆에는 가게 홍보용 지라시가 촌스러운 크리스마스 장식과 함께 놓여 있다. 이 지라시에는 '벤토 인기 넘버원 500엔'이라고 적혀 있었는데, 우리가 먹으러 온 것이 바로 이 500엔짜리 벤토, 경양식 도시락이었다. 오기 전에 후기를 찾아봤을 때에도 이 벤토가 저렴하면서도 구성이 다양하고 양이 푸짐하다는 호평이 상당수였다.

대기실을 지나 중문을 열고 들어가니 내부는 정말이지 종잡을 수 없는 콘셉트로 꾸며져 있다. 오크 레스토랑은 경양식, 일식, 오키나와 향토음식, 미국 음식, 중화요리 등 메뉴의 스펙트럼이 굉장히 넓은데, 마치 내부 인테리어에 이를 반영한 듯했다. 한쪽에 서양식 테이블 좌석이 있는가 하면 다른 한쪽에는 다다미 깔린 좌식 자리가 있고, 또 한쪽에는 어두컴컴한 술집처럼 꾸며진 공간이 있다(이곳에서는 야간에 생맥주를 무제한 제공하는 노미호다이飲み放題(1시간 780엔)도 운영한다). 여기에 간이뷔페까지 마련되어 있는데 식사를 주문하면 샐러드, 과일, 젤리 등을 양껏 담아 먹을 수 있다.

계산대에는 영어로 '100달러 지폐는 받지 않는다'는 문구와 함께 '1달러 110엔'이라 적혀 있다. 근처 가데나 기지의 병사나 군무원들이 많이 찾아와 달러로도 음식 값을 받는 모양이다. 빈자리 없이 꽉 찬 가게 안에는 백인도 몇몇 보였다. 어쨌든 메뉴판을 펼쳤다. 다양한 메뉴만큼이나 메뉴판을 구경하는 데 시간이 꽤 걸렸

다. 희한하게도 A런치, B런치는 없고 C런치(700엔)만 있었다. A런치를 대신한 게 오크런치オークランチ(880엔)인 모양이다. 오크런치는 돈가스, 오믈렛, 햄버그스테이크, 새우튀김, 치킨 가라아게로 구성되며, 메뉴판 상단에 커다랗게 적혀 있는 것으로 보아 대표 메뉴인 듯하다. 더 저렴한 C런치는 돈가스, 오믈렛, 햄버그스테이크가 나온다. 이 밖에도 어린이 런치(650엔), 돈가스 카레(750엔), 카레(700엔), 햄버그스테이크(880엔), 새우튀김(980엔) 등 경양식 단품이 일곱 종류, 스테이크도 네 종류나 있다. 장어덮밥(1,380엔), 야키니쿠 정식(880엔), 새우 덴푸라 정식(1,380엔) 등 열 가지가 넘는 일식 메뉴를 비롯해 소키 소바(750엔), 타코라이스(700엔) 등 향토음식 다섯 종류와 칠리새우(980엔), 마늘 볶음밥(700엔) 등 중화요리 아홉 종류가 있다. 눈이 팽팽 돌 정도로 다양한 메뉴다. 오크 레스토랑은 음식 선택의 폭이 넓고 가성비가 훌륭해 관광객보다는 동네 주민들 사이에서 인기가 높다고 한다. 대기실에 걸려 있던 개업 당시의 흑백사진은 메뉴판에도 실려 있었다. 자세히 들여다보니 'Since 1972. 5. 15'라는 문구가 박혀 있다. 오키나와가 일본으로 반환된 날이 1972년 5월 15일인데, 오크 레스토랑은 바로 그날 문을 연 모양이다.

어쨌든 우리는 애초 계획대로 벤토(500엔)를 주문했다. 메인 반찬으로 치킨 가라아게, 돈가스, 햄버그스테이크, 전갱이 튀김 중

유명인사들의 사인에서 이승엽 선수의 것을 찾았다(위). 100달러짜리 지폐가 아니면 미국 달러도 받아주는 글로벌한 계산대(아래).

이렇게 팔아도 남을까 싶었던 500엔짜리 벤토.

하나를 고를 수 있길래 치킨 가라아게를 택했다. 도시락이니 당연히 미리 만들어둔 음식을 데워서 줄 것이라는 예상과 달리, 주문이 들어오면 조리를 시작하기 때문에 나오는 데 시간이 좀 걸렸다. 겨우 500엔짜리 벤토에 갓 튀긴 가라아게에서부터 밥, 오믈렛, 감자 고로케, 굴소스 채소볶음, 마요네즈 마카로니, 카레 수프까지 담겨 있다. 인터넷 후기에서 대충 보기야 했지만 직접 보니 더 놀랍다.

가라아게는 뜨거워서 한참을 후후 불어 식혀 먹었다. 적당한 간에 튀김옷은 바삭하고 닭고기는 쫄깃했다. 촉촉한 오믈렛과 담백한 감자 고로케도 맛깔난다. 레몬즙으로 산미를 살려 침샘을 자극하는 마카로니도 별미다. 심지어 밥도 금방 지은 듯 따끈하고 쌀알이 올올이 살아 있었다. 한마디로 그냥 다 맛있었다. 허술한 외관이나 실내 분위기와 달리 음식 맛은 반전의 한 방을 날렸다. 대충 만들어 싸게만 파는 음식이 결코 아니었다. 500엔의 행복이요, 500엔의 감동이다.

오크 레스토랑

주소: (〒904-2141) 沖縄県 沖縄市 池原5丁目 1-30
영업시간: AM 11:00 ~ PM 11:30
정기휴무: 없음
전화번호: +81) 98-938-2000
맵코드: 33 774 707*25
주차장: 있음

그 밖의 먹거리

부록 01

노포와 역사적인 미식 체험이라는 테마를 정해 일정에 맞춰 다녔지만, 다른 것들도 먹었다. 오키나와의 다채로운 식문화를 세 가지 키워드 안에서만 맛보기에는 섭섭하기도 했다. 이동 중이라 여유가 없을 때, 혹은 식당이 문을 닫은 밤늦은 시각에 마트나 편의점에 들러 도시락, 간식 등을 사 간단히 끼니를 해결하기도 했고, 아침에는 호텔 주변 빵집에서 빵을 사다 먹기도 했다. 이자카야에서 생맥주 한 잔에 안주로 저녁식사를 대신한 적도 있다.

앞서 소개한 우리즌에서는 아와모리와 다양한 향토음식을 맛보았는데, 다른 이자카야에서는 오키나와 지역 맥주인 오리온 생맥주에 오징어 가라아게 같은 '요즘' 안주들을 먹었다. 나고에 공장을 둔 오리온 맥주는 미군정이 통치하던 1959년에 판매를 시작했다. '오리온'이라는 브랜드명은 1957년 오키나와 주민들을 대상으로 공모전을 열어 뽑힌 것인데, 남쪽 밤하늘의 성좌인 오리온이 오키나와 이미지에 잘 부합한 점이 주효했다고 한다. 오리온 맥주는 일본 본토의 기린(1888년), 아사히(1892년), 삿포로(1877년) 맥주에 비하면 역사가 짧은 편이지만, 반세기 넘게 오키나와 맥주 시장을 주도해왔다. 이러한 인기를 반영하듯 현지 술집 안팎에서는 빨강, 파랑, 하양의 삼색이 들어간, 둥그런 모양의 오리온 맥주 홍보용 초칭提灯[1]을 쉽게 접할 수 있었다.

맛은 사람마다 다르게 느끼게 마련이지만, 나와 아내에게 오리온 맥주는 별로 특별하지 않았다. 이자카야에서 생맥주로도 마셔보고, 편의점에서 산 캔맥주로도 마셔봤지만 둘 다 그냥 그랬다. 그도 그럴 것이 오리온 맥주는 미국 맥주를 연상시키는, 깔끔하고 가벼운 맛이다. 발매 당시만 해도 독일 맥주와 같은 방식으로 제조됐다는데, 현지인들 사이에서 선호도가 낮아 판매가 부진했다고. 독일 맥주 특유의 씁쓸하면서도 묵직한 풍미가 오키나와의 무

---

1) 종이로 만든 일본 전통 제등. 주로 빨간색이나 하얀색 종이로 만들며, 지역명 등의 글자나 문양을 넣는다.

어느 이자카야에서 먹은 오리온 맥주와 오징어 가라아게.

더운 기후에는 잘 맞지 않았던 것이다. 결국 미국 스타일로 바꾼 뒤에야 인기가 높아졌다는데, 구수한 독일 맥주를 즐기는 우리 부부로서는 한 번 마셔본 걸로 됐다 싶었다.

안주는 아무래도 섬인지라 해초를 활용한 것이 많았다. 안주뿐 아니라 마트 도시락에도 살짝 볶거나 식초에 절인 해초 반찬이 흔했다. '바다 포도'라는 뜻의 우미부도海ぶどう가 대표적이다. 생김새가 꼭 알이 자그마한 청포도와 비슷해 이렇게 불리는데,[2] 입안에서 톡톡 터지는 식감이 매력적이다. 오키나와 해안에서 많이 나는 해초로, '포도'라는 이름 때문에 새콤달콤한 맛을 연상하기 쉽지만 해초 특유의 비릿한 향이 난다. 현지인들은 달큰한 간장 소스에 찍어 먹곤 한다. 모즈쿠モズク도 빼놓을 수 없다. 진한 갈색을 띤 모즈쿠는 언뜻 보기에 해초라기보다는 소바 같다. 가늘고 긴 생김새가 국수를 연상케 하기 때문이다. 식초에 절인 모즈쿠는 은은한 바다 내음이 나면서도 새콤해서 중독성 있다. 우린 먹어보지 못했지만 모즈쿠 튀김도 별미라 한다.

한편 오키나와의 이자카야 중에는 자리 비용을 따로 받는 곳들이 있다. 그것도 테이블이 아닌 인원수대로 받는다. 술이나 안주

---

2) 외양 때문에 그린캐비어グリーンキャビア라 불리기도 하는데, 일본어 공식 명칭은 '구비레즈타クビレ ズタ'다.

가 싸지도 않은데 자리 비용까지 내니 바가지 쓰는 기분이 드는 건 어쩔 수 없다. 점원이 설명해주지 않고 테이블 구석에 조그맣게 적어놓기만 하는 곳도 있으니, 괜한 지출이 발생하지 않도록 주문 전에 확인하는 편이 좋다.

나하에 머물 때 아침식사로 먹었던 빵 드 카이토Pain de Kaito(일본어 표기: パン・ド・カイト)의 빵은 가성비가 대단히 훌륭했다. 처음엔 작은 빵집이었는데 관광객들 사이에 입소문이 나면서 지금은 오키나와 내에 지점이 네 군데나 있다(본점은 나고에 있다). 우리가 묵었던 호텔 근처에 나하 니시마치점那覇西町店이 있어 멘타이코 포테이토明太子ポテト(200엔)와 애플&진저アップル&ジンジャー(200엔)를 사 먹었다. 멘타이코 포테이토는 길쭉한 바게트 위에 후쿠오카福岡산 명란젓으로 양념한 감자 샐러드를 올린 것이다. 겉은 바삭하고 속은 보들보들한 바게트는 반으로 자른 것인데도 꽤 크다. 여기에 짭짤한 명란젓과 담백한 감자 샐러드가 더해진 맛은 상상 이상이다. 겨우 200엔밖에 안 한다는 게 놀라울 정도다. 애플&진저는 설탕에 조린 사과와 계피가 풍성하게 들어간 빵인데, 적당히 달고 향긋해 커피와 잘 어울렸다. 이 밖에도 빵집의 기본이라 할 수 있는 바게트(200엔)와 식빵(240엔)을 비롯해 크로크무슈(250엔) 등 식사 대신 간단히 먹을 만한 빵들이 있다.

오키나와에서 구경한 것들

부록 02

추리우미 수족관 美ら海水族館

물론 먹기만 한 건 아니다. 관광지에도 가고, 바다도 보고, 바닷물에 발도 담갔다. 여기서는 음식들과는 무관한, 오키나와에서 둘러본 곳들을 간단하게 소개해볼까 한다. 시간이 많았다면 본섬 주변에 자리한 크고 작은 섬들을 둘러보고 싶었는데, 역시나 여행에서 빠듯하지 않을 수 없는 게 돈이요, 시간이기 때문에 우리는 본섬 안에서만 돌아다녔다.

가장 먼저 소개할 곳은 당연히 추라우미 수족관이다. 오키나와를 여행한 사람이라면 누구나 이 수족관에서 찍은 사진이 있을 정도로 유명한 곳이다. 앞서 살펴봤듯 1972년 오키나와가 재편입된 이후 일본 정부는 관광산업 육성을 위해 1975년 본섬 북서부 해안가에서 오키나와 국제해양박람회를 연다. 박람회가 끝난 뒤 그 자리에는 국영 오키나와 해양박람회 기념공원이 들어섰고, 박람회 당시 해양생물을 전시했던 시설을 활용해 1979년 수족관이 세워진다. 세월이 흘러 시설이 노후화됨에 따라 2002년 8월 31일에 폐관하고 신관을 건설해 같은 해 11월 1일 재개장했는데, 이것이 지금의 추라우미 수족관이다. '추라우미美ら海'는 오키나와 말로 '맑은 바다'라는 뜻이다.

　동물원이나 수족관에 별 흥미가 없는데도 이곳을 찾아간 건 다름 아닌 고래상어[3] 때문이다. '구로시오의 바다黒潮の海' 전시실에는 깊이 10m, 폭 35m, 길이 27m, 부피 7,500m^{3}에 이르는 거대한 수조가 있는데, 그 안에 멸종위기종인 고래상어 두 마리를 비롯해 70여 종의 해양생물이 살아가고 있다. 몸길이가 10~12m에 이른다는 거대한 고래상어가 유유히 헤엄치는 영상을 보고 나니, 그

---

3) 400여 종의 상어 중에서도 가장 몸집이 큰 상어로 알려져 있다. 성체 몸길이는 18m에 이르며, 몸무게는 15~20t에 이른다. 거대한 몸집과는 달리 성질은 온순하며, 온대 및 열대 해역에 분포한다.

진풍경을 직접 확인하고 싶어졌다.

4층 건물에 마련된 수족관은 총 77개 전시관으로 이루어져 있다. 상당한 규모다. 꼼꼼히 둘러보려면 하루 종일 돌아다녀도 모자랄 정도다. 그렇지만 우리는 다른 전시관이나 돌고래쇼 같은 건 관심이 없었고, '고래상어를 본다!'는 뚜렷한 목적이 있었기 때문에 폐관시간(18시 30분)을 2시간 반 앞둔 오후 4시에 입장했다. 오후 4시 이후로는 입장료를 할인해주기 때문이다. 비수기이기 때문인지 아니면 늦은 시각에 갔기 때문인지 줄도 서지 않고 바로 들어갔다.

몇 개의 전시관을 지나쳐 마침내 '구로시오의 바다' 전시관에 들어섰을 때, 아내나 나나 상상을 초월하는 수조 크기에 눈이 휘둥그레졌다. 새파란 수조 안을 보고 있자니 마치 심해로 들어간 꿈을 꾸는 듯하다. 눈앞에 나타난 고래상어 두 마리의 위용은, 영상이나 사진과는 비할 수 없을 정도로 압도적이었다. 고래상어가 다가올 때마다 다들 어린아이가 된 것처럼 수조 앞에 모여 감탄사를 쏟아내거나, 휴대폰을 꺼내들고 사진이나 영상을 찍느라 분주했다.

처음에는 수조에서 조금 떨어진 계단식 좌석에 앉아 하염없이 고래상어만 바라보다가 오후 5시가 가까워져서 수조 앞으로 자리를 옮겼다. 오후 5시에(오후 3시에도 먹이를 준다) 고래상어에게 먹이를 주는 '피딩쇼feeding show'가 벌어지기 때문이다. 고래상어가 커다란 입을 벌렸다 오므리면서 물 위에 흩뿌려진 먹이를 빨아들이는 모습은 너무나도 초현실적이어서 꼭 영화 속 한 장면을 보는 것만 같았다. 아가미에서는 걸러진 물과 잔해가 마구 뿜어져 나와 물보라를 일으켰다. 한 마리는 아예 몸을 수직으로 세운 채 수면에 뜬 먹이를 삼켰다. 수조 높이가 10m에 달하는데도 몸집이 워낙 커 꼬리가 바닥에 닿을 정도였다.

피딩쇼가 끝난 뒤엔 '구로시오의 바다' 전시관과 이어진 아쿠아룸으로 이동했다. 아쿠아룸은 천장과 벽이 유리로 돼 있어 머리 위로 고래상어가 지나가는 것을 볼 수 있다. 그렇게 꼬박 2시간 가까이 고래상어만 쳐다보고 있었는데도 지겨운 줄 몰랐다. 원래 이 수족관에는 고래상어가 세 마리(수컷 한 마리, 암컷 두 마리) 살고 있었다. 2016년 암컷 한 마리를 바다로 돌려보냈는데, 수조 내에 암수 한 쌍만 남겨 번식을 도모하기 위함이었다고 한다. 긴장감이 끊이지 않는 삼각관계보다 오붓하게 단둘이 있는 게 번식하기에 좋다나. 그런데 우리가 구경할 때만 해도 두 고래상어가 그리 다정해 보이지는 않아서 과연 그 목적을 달성할 수 있을지 의문스러웠다. 사진을 찍으면서 한 컷에 두 마리를 함께 담고 싶었지만, 2시간 내내 단 한 번도 서로 몸을 가까이하지 않아 실패했다. 하긴, 역사는 밤에 이루어지는 법이니…….

추라우미 수족관

주소: (〒905-0206) 沖縄県 国頭郡 本部町 石川 424

영업시간: 10~2월 AM 8:30~PM 6:30 (입장 마감 PM 5:30)

　　　　　 3~9월 AM 8:30~PM 8:00 (입장 마감 PM 7:00)

정기휴무: 12월 첫째 수요일과 그다음 날

전화번호: +81) 980-48-3748

맵코드: 553 075 767*66

주차장: 있음 (P7이 수족관에서 가장 가까움)

입장료: 대인 1,850엔, 고등학생 1,230엔, 초중생 610엔,

　　　　 6세 미만 무료 (오후 4시 이후에는 30% 할인이 적용된다).

해중전망탑·글라스보트 海中展望塔 グラス底ボート[4]

해중전망탑과 글라스보트는 부세나 ブセナ 해중공원[5]에 있다. 공원에 들어서면 에메랄드빛 바다가 펼쳐진 백사장과 고급 리조트가 나타난다. 오키나와 홍보 포스터에서 보던 그 바다 빛깔이다. 가까운 곳은 연한 푸른빛을, 먼 곳은 눈이 시리도록 새파란 빛을 띠

---

4) 일본어로는 해중전망탑을 '카이쭈우텐보오토오'로, 글라스보트는 '구라스소꼬보오토'라고 발음한다.
5) 나고시 기세喜瀬 지역에 자리한 공원이다.

는 바다는 그야말로 근사한 풍경을 만들어낸다. 해중공원에 자리한 더 부세나 테라스ザ·ブセナテラス나 더 테라스 클럽 앳 부세나ザ·テラスクラブ アット ブセナ 등이 오키나와에서도 손꼽히는 고급 리조트여서 그런지 해변이 다른 곳보다 훨씬 잘 관리되는 듯하다. 공원 규모도 꽤 크다. 입구의 주차장에서 출발해 주요 시설마다 정차하는 무료 셔틀버스가 있을 정도다. 멋모르고 걸어서 들어갔더니 햇볕이 무척 따가웠다. 어떻게든 산책을 하고 싶은 것이 아니라면 셔틀버스를 이용하자.

해중전망탑은 해안 끝에서 바다로 170m 들어간 지점에 등대처럼 서 있는 탑이다. 이름대로 바닷속을 볼 수 있도록 해저에 360도 파노라마 유리창을 냈다(창은 동그랗고 자그마하다). 해저 5m까지 내려갈 수 있는데, 꼭 잠수함을 타고 수면 아래로 내려가는 기분이다. 1970년 공원이 조성될 때 함께 세워진 뒤 1992년 문을 닫고 개보수해서 1997년에 재개장했다.

해중전망탑은 인공적으로 조성된 추라우미 수족관의 해양생물들과 달리, 실제 바닷속을 헤엄치며 생활하는 물고기를 볼 수 있어 한결 생생한 느낌이 든다. 해수가 워낙 맑아 열대어의 알록달록한 색감을 감상할 수 있는 점도 매력적이지만, 어종이 상당히 다양해 지루할 틈이 없다. 물고기들도 사람을 구경하는 건지 유리창을 사이에 두고 바로 코앞까지 다가와 노닐다 간다.

글라스보트는 바다에 통유리를 설치한 보트다. 고래 모양으로 생긴 평평한 보트를 타고 바다로 나가 널찍한 유리를 통해 바닷속을 들여다볼 수 있다. 보트 주위로 먹이를 뿌려 물고기 떼가 보트를 쫓아오는데, 배 아래로 쏜살같이 움직이는 물고기들이나 산호, 바위, 모래 등 바다 밑 생태가 생동감 넘친다. 이렇게 15분 정도를 구경하다 선착장으로 돌아오는데, 시간이 너무 순식간에 지나가 아쉬울 정도였다.

원래는 글라스보트를 탈 계획이 없었다. 렌터카 업체에서 해중전망탑 입장권과 글라스보트 이용권을 세트로 할인가에 판매하길래(렌터카 업체에서는 이런 할인권을 자주 제공하니 꼭 확인해보시길) 얼떨결에 산 건데, 타길 잘했다. 물론 오키나와는 스노클링이나 스쿠버다이빙을 하면서 아름다운 바닷속을 누빌 수 있는 곳이지만, 안타깝게도 우리는 수온이 낮은 시기에 갔기 때문에 바닷속 풍경을 이렇게밖에 누릴 수 없었다. 꼭 수온이 낮은 시기가 아니더라도 어린아이나 노약자 등 스쿠버다이빙을 즐기기 어려운 이와 여행한다면 추라우미 수족관이나 해중전망탑, 글라스보트 모두 훌륭한 대안이 될 수 있다.

해중전망탑·글라스보트

주소: (〒905-0026) 沖縄県 名護市 喜瀬 1744-1

영업시간:

·해중전망탑: 4~10월 AM 9:00~PM 6:00

　　　　　　11~3월 AM 9:00~PM 5:30 (각각 폐관 30분 전에 입장 마감)

·글라스보트: 4~10월 AM 9:10~PM 5:30

　　　　　　11~3월 AM 9:10~PM 5:00

　　　　　　(운행 매시 10분, 30분, 50분. 정오에는 10분, 50분에만 운행한다)

정기휴무: 없음 (해상상황에 따라 이용이 중단될 수 있음)

전화번호: +81) 980-52-3379

맵코드: 206 441 566*03

주차장: 있음

입장료:

(2019년 10월 1일 이후 소액 인상될 예정이다)

·해중전망탑: 대인 1,030엔, 고등학생·대학생 820엔, 4세~중학생 520엔

·글라스보트: 대인 1,540엔, 고등학생·대학생 1,230엔, 4세~중학생 770엔

(해중전망탑·글라스보트 이용권을 세트로도 파는데, 각각을 사는 것보다 좀 더 저렴하다)

고우리섬 古宇利島

고우리섬(일본어로는 '코우리지마'라고 발음한다)은 본섬 북부 나키진촌
동북쪽에 자리한 작은 산호섬이다. 동그랗게 생긴 섬의 면적은

3.17km². 7.9km에 걸쳐 고운 모래가 깔린 백사장과 해안단구가 이어진다.

이 섬은 오키나와 신화에 등장하는 장소다(오키나와 건국 신화는 여러 가지가 있는데, 고우리섬 신화도 그중 하나다). 먼 옛날 한 소년과 소녀가 고우리섬으로 내려왔다. 두 사람은 벌거숭이로 지내며 하늘에서 내려주는 떡을 받아먹고 편안하게 살았다. 그런데 어느 날부터인가 먹다 남은 떡을 나중에 먹는다며 감춰놓기 시작했다. 이 사실을 알게 된 하늘의 신은 분노하며 더 이상 떡을 내려주지 않았다. 결국 소년과 소녀는 스스로 물고기를 잡아먹기 시작했고, 노동의 고통을 깨닫게 됐다. 또한 해변에서 듀공[6]이 교미하는 모습을 본 뒤 남녀의 차이를 알고 성에 눈뜬 두 사람은 야자수 잎사귀로 음부를 가리고 다녔다. 이들은 아이를 낳았고, 이 아이들이 또 자손을 낳아 오키나와 곳곳으로 퍼져나갔다. 즉 오키나와 사람들의 조상이 고우리섬에 떨어진 소년과 소녀였다는 신화다. 어쩐지 아담과 이브를 연상케 하는 이야기다.

이 외딴 섬이 오키나와의 대표적인 관광지로 부상한 건 2005년, 즉 남쪽의 야가지섬屋我地島[7]과 고우리섬을 잇는 고우리대교古

---

6) 바다소목과의 포유류. 산호초가 있는 바다에서 생활한다.
7) 야가지섬은 행정구역상 나고시에 속한다. 본섬과 연결되는 야가지대교가 1953년 개통됐다.

해질녘의 고우리섬 앞바다와 고우리대교.

宇利大橋가 개통함에 따라 본섬에서 육로로 접근할 수 있게 되면서부터다. 이 고우리대교는 길이가 1,960m에 이르는데(오키나와에서 두 번째로 긴 다리다), 다시 말하면 시야를 가리는 것 없이 오직 바다만 보면서 2km 가까이 달릴 수 있는 곳이다. 다리 자체는 평범해서 별 감흥이 없지만, 바다는 산호초가 깔린 데다 수심이 비교적 얕고 물이 맑아, 날씨가 좋은 날에는 비현실적일 만큼 아름다운 빛깔을 띤다. 덕분에 일본 영화나 드라마, 광고 등에 배경으로 자주 등장해 본토 관광객들이 꼭 들르는 곳이기도 하다. 본섬과 연결된 뒤 고우리섬 안에는 고급 펜션이 속속 들어섰고, 2013년에는 해발 82m 높이의 고우리오션타워古宇利オーシャンタワー[8]가 세워졌다.

우리가 고우리섬에 도착한 건 해 질 무렵이라 푸른 바다를 감상하지는 못했다. 하지만 석양이 질 무렵 진한 오렌지빛을 머금은 바다도 충분히 환상적이었다. 다리를 건너 해안가에 주차장이 보이기에 차를 대고 백사장을 걸었다. 해 질 무렵이어서인지 관광객이 거의 없어 한가롭다. 모래가 쌀가루처럼 곱고 푹신푹신한데, 떠밀려 온 쓰레기나 조개껍데기가 여기저기 널려 있어 깨끗하지는 않았다. 그럼에도 부드러운 바닷바람과 잔잔한 파도소리 속에

---

8) 주변 바다를 한눈에 내려다볼 수 있는 전망대, 고급 레스토랑, 웨딩홀 등의 시설이 있다. 입장료는 성인 800엔, 중고생 600엔, 초등학생 300엔, 영유아는 무료다.

저녁 바다의 여유로움을 만끽하기에 좋은 곳이다.

산책을 마친 뒤 향한 곳은 하트록ハートロック이다. 고우리섬 북쪽 해안가에 서 있는 두 개의 바위인데, 겹쳐 보면 모양이 꼭 하트처럼 생겼다고 해서 '하트록'이라 부른다. 몇 년 전 일본 아이돌 아라시가 출연한 일본항공의 TV 광고로 유명해졌는데, 젊은 연인들 사이에 사랑을 서약하는 장소 혹은 신혼부부가 웨딩 촬영을 하는 장소로 인기가 높단다. 더 이상 젊지도, 신혼도 아닌 결혼 10년차 부부지만, 기왕 고우리섬까지 갔으니 우리도 하트록을 찾았다.

결론부터 말하면 별로였다. 우리가 너무 늦게 간 탓이었다. 수천 년 동안 밀려온 파도에 아랫부분이 깎여 나간 두 바위는 과연 기암괴석이기는 했다. 하지만 생각보다 작았다. 우리가 도착한 저녁 시간에는 한껏 올라온 바닷물에 바위가 상당 부분 잠겼기 때문이다. 낮에는 걸어서 바위까지 갈 수 있다는데 우리는 바위를 가까이서 보기는커녕 하트 모양을 볼 수도 없었다. 두 바위가 하트 모양으로 겹쳐 보이는 장소까지도 잠겨버린 것이다. 각각을 따로 보니 하트라기보다는 버섯 같았다. 하트록에 갈 계획이 있다면 꼭 일찍 가기를 권하고 싶다.

잔잔했던 남쪽 해안가와 달리, 북쪽 해안가는 물살이 꽤 거셌다. 하트록이 아니라 버섯바위네 뭐네 궁시렁거리다가 갑자기 밀려든 파도에 신발이 쫄딱 젖어버렸다. 이쯤 되면 왜 왔나 싶다. 발 적실 각오로 아쿠아슈즈를 신고 가야 편하다. 바닷물이 다 빠진 낮에 갔더라면 아무 문제 없었겠지만. 어쨌든 아내와 나는 아쉬움 속에 두 바위를 배경으로 기념사진을 찍었다.[9]

고우리대교 미나미즈메 전망소
(고우리섬으로 건너가기 전 고우리대교 좌측에 마련된 전망소)

주소: (〒905-1635) 沖縄県 名護市 済井出 古宇利大橋南詰展望所
맵코드: 485 601 893*22
주차장: 있음
입장료: 없음

만자모 万座毛

한국에서는 '만좌모'로 더 잘 알려진 만자모는 본섬 중부 온나(恩納)촌 해안가에 자리한 기암절벽이다. 만자모는 '만 명이(万) 앉을 수 있는(座) 초원(毛)'이라는 뜻이다. 류큐왕국 시대 쇼케이왕(尚敬王) (1700~1751)이 이곳을 둘러본 뒤 '만모万毛'라고 감탄한 데(훗날 座가 추가)서 비롯된 이름이라고 전해진다. 그 이름대로, 깎아지른 절벽 위에 누가 일부러 만들어놓기라도 한 것처럼 평평한 공간이 펼쳐져 있는데, 풀로 덮여 있어 얼핏 보면 넓은 잔디밭 같다. 뛰어놀기 좋아 보이지만 절벽 위는 출입이 금지되어 있다. 만자모가 유명한 또 하나의 이유는 신기하게도 코끼리를 닮은 절벽 모양 때문이다. 절벽 가운데에 큰 구멍이 뚫려 있는데, 멀리서 보면 꼭 긴 코를 늘어뜨린 코끼리 같다.

여기까지는 여느 오키나와 관광 정보에서 흔히 찾아볼 수 있는 것이다. 사실 우리는 만자모를 여행 일정에서 빼는 게 낫지 않을까 고민했다. 나나 아내에게는 영 별로였기 때문이다. 하지만 '기왕 왔으니' 하는 생각도 있었고, 호텔에서 그리 멀지 않아 결국 가

---

9) 하트록은 입장료 없이 둘러볼 수 있다. 단, 인근에 주차장이 여러 군데 있는데 요금이 상이하다. 사전조사가 부족했던 우리는 처음에 보인 주차장에 차를 댔는데(주차비 300엔), 조금 더 가면 200엔, 100엔짜리 주차장이 나온다. 심지어 무료 주차가 가능한 곳도 있으니, 잘 둘러보고 주차하자.

성수기 한낮의 만자모 풍경. 우리는 비수기 아침에 가서 이런 풍광을 보지 못했지만……. ©OCVB

보기로 했다. 인터넷에서 본 만자모는 쾌청한 날씨에 푸른 바다에 둘러싸여 있었고, 절벽까지 가는 길도 초목으로 둘러싸인 야트막한 언덕이라 제주도 오름 가는 길을 연상케 했는데…… 현실은 달랐다. 계절도 계절이었지만, 혼잡함을 피해 우리가 너무 일찍 간 탓이었다(무려 아침 7시 반에 갔다). 구름 한 점 없는 맑은 날씨인데도 햇빛이 약해 절벽 아래 바닷물은 청록색이 아닌 검푸른 색을 띠었다. 낮은 기온에 절벽 위 평원은 풀이 시들어서 군데군데 옅은 초록색이 보일 뿐, 기대했던 잔디밭 같은 광경은 펼쳐지지 않았다. 우리는 만자모를 바라보면서 여행에 성수기와 비수기가 있고, 비수기에는 모든 것이 저렴해지는 이유를 다시금 깨달았다. 비수기에는 많은 것이 볼품없어진다.

그래도 산책로를 따라 계속 걷다 보니 만자모 이외에 다양한 형상의 (역시 규모는 작지만) 기암절벽을 볼 수 있었다. 30분 남짓 여유 있게 산책하고 주차장으로 돌아와 차 안에서 바나나로 간단히 아침 요기를 했다. 오전 8시가 넘자 커다란 관광버스들이 속속 주차장 안으로 들어오는 게 보였다. 이렇게 많은 사람들이 찾아오는 걸 보면 뭔가 있기는 있는 거겠지, 어쩌면 볕 좋은 초여름 한낮에 만자모를 다시 찾는다면 좋은 기억으로 남을지도 모르겠다.

만자모

주소: (〒904-0411) 沖縄県 国頭郡 恩納村 恩納 2871
맵코드: 206 312 097*28
주차장: 있음

국제거리

국제거리(일본어로는 '고쿠사이도리')는 오키나와의 대표적인 번화가

다. 오키나와현청 북쪽 출입구 사거리에서 아사토 삼거리까지 직선으로 곧게 뻗은 1.6km 길이의 거리에 왕복 2차선 도로가 조성돼 있다. 도로 양쪽으로는 관광객을 위한 음식점, 술집, 카페, 베이커리, 기념품 가게, 호텔 등이 즐비하다. 덕분에 관광객의 발길이 끊이지 않는다. 우리는 주로 해 질 무렵이나 늦은 밤에 국제거리를 구경했는데, 한국인을 비롯해 중국인, 동남아인 등 외국인이 정말 많았다. 이름처럼 국제적인 거리였다. 물론 이런 이유로 '국제거리'라는 이름이 붙여진 건 아니다. 일본이 패전한 뒤 1948년 이 거리에 작은 영화관이 하나 들어선다. '아니파이루 고쿠사이 극장アーニーパイル国際劇場'[10]이다. 현지인들이 극장 이름을 따 이 주변을 '고쿠사이도리'라고 부르던 게 굳어진 것이다.

사실 이 일대는 1945년 오키나와전 당시 초토화되다시피 했던 곳이다. 하지만 전후 미군의 보급품 집적소가 들어서면서 자연스럽게 상점가가 형성됐고, 얼마 지나지 않아 오키나와에서 가장 번화한 거리로 탈바꿈한다. 이에 현지에서는 빠른 전후 복구의 상징

10) 아니파이루는 미국의 종군기자인 어니스트 파일Ernest Pyle(애칭이 어니Ernie)을 일본식으로 발음한 것. 파일은 2차대전 중 오키나와에서 취재를 하다 일본군에게 총격을 입고 사망했다. 미군정과 류큐정부의 지원을 받아 민간회사가 건설한 극장에 어니스트 파일의 이름을 붙인 것이라 한다. 한편 1945년 패전 직후 도쿄의 유명 극장인 도쿄다카라즈카극장東京宝塚劇場(1934년 개장) 역시 이 기자의 이름을 따 아니파이루 극장으로 개칭됐는데, 미군이 이 극장을 자국 병사들을 위한 위문공연 시설로 활용하면서 이뤄진 조치였다.

적 장소라는 의미에서 '기적의 1마일'이라 부르기도 한다. 전쟁 직후에는 미군 물품을 취급했지만 오키나와 경제 사정이 나아지면서 현지인들의 생필품 상점가로 바뀌었고, 1972년 일본 재편입 이후에는 관광객이 몰려들면서 지금의 관광거리로 다시 변모했다.

국제거리 진입로 양옆에는 시사 석상이 늠름하게 앉아 있다. 가로수로 야자수를 심어 남국의 느낌이 만연하다. 얼마 안 가면 미야코지마노 유키시오宮古島の雪塩[11] 상점이 나온다. 여기서 유명한 소금 아이스크림을 하나 사 들고 산책을 시작했다. 오키나와 전통 과자인 친스코ちんすこう[12]를 한 조각 넣은 소프트 아이스크림(380엔)에 다양한 맛의 소금을 취향대로 뿌려 먹는 것(소금 병이 종류별로 준비돼 있으며 셀프다)인데, 우리는 유자맛 소금을 선택했다. 그리고 한입 먹어보자마자 후회했다. 조화도 없이 그냥 달고 짠 맛, 그게 전부다. 딱히 쇼핑 목적으로 간 건 아니기에 뭘 사진 않았지만, 독

---

11) 오키나와현에 속하는 미야코지마는 오키나와 본섬과 타이완 중간 지점에 자리한 섬인데, 특산물인 소금으로 유명하다. '유키시오雪塩'라 부르는 이 소금은 입자가 매우 곱다. 미야코지마노 유키시오는 미야코지마에 설립된 ㈜파라다이스푸란의 브랜드로, 특산물 소금을 가공한 과자, 아이스크림, 화장품 등을 선보이고 있다.

12) 국립국어원의 일본어 표기법에 따르면 진스코ちんすこう라 써야 맞지만, 현지 발음과 너무 동떨어져 원래의 발음과 가깝게 '친스코'로 표기했다. 밀가루, 설탕, 라드(돼지기름)로 만드는 오키나와의 대표적인 향토과자로, 류큐왕국 시대에 중국의 책봉사가 제조법을 전수해준 중국 과자에서 유래했다고 한다. 원래는 찐빵처럼 폭신폭신한 과자였는데, 1908년 오키나와에서 가마에 굽는 방식이 개발되어 지금의 형태, 즉 단단하면서도 촉촉하고 부드러운 질감을 살린 형태로 변했다.

특한 기념품과 상점이 많아 구경하는 재미가 쏠쏠하다. 무엇보다 일본 관광지답게 오미야게 과자점이 정말 많다(오미야게 과자는 선물용으로 나온 지역 명물 과자라고 생각하면 된다). 오키나와 대표 오미야게 과자 브랜드인 오카시고텐御菓子御殿 매장은 국제거리에만 세 곳이나 있고, 2011년 오키나와에서 탄생한 바움쿠헨 브랜드 후쿠기야ふくぎや 본점도 있다. 오키나와산 흑설탕과 자색고구마로 만든 바움쿠헨을 파는데, 내 입맛에는 너무 달아서 시식용 과자를 한입 먹고 내려놓았다.

시끌벅적한 국제거리를 벗어나니 인구 30만 명 남짓한 소도시 나하 시내는 전반적으로 한산했다. 전후 폐허 위에 미군이 제공한 콘크리트로 쌓아올린 건물들이 가득해 경관은 별 볼 일 없다. 오키나와는 다시 가고 싶지만, 나하에서는 머무르지도 들르지도 않을 것이다. 공항 근처에서 렌터카를 빌려 곧장 북부나 남쪽 해안가로 가든지, 아니면 아예 본섬 주변의 작은 섬들을 보고 싶다. '미美'가 결여된 나하의 도시경관 때문만은 아니다.

누구나 여행을 떠날 때면 행복한 추억을 가득 품은 채 웃는 얼굴로 돌아오길 바란다. 하지만 현실은 꼭 그렇지만은 않다. 관광객들을 상대로 한 사기, 바가지, 소매치기, 성추행, 인종차별 등은 어디에나 존재한다. 오모테나시おもてなし(손님을 지극정성으로 환대하고 대접하는 것을 뜻한다) 문화를 강조하는 일본에서는 그런 불상사가 상대적으로 적은 편이었다. 그런데 오키나와의 나하에서는 유독 불친절한 직원들을 여럿 마주쳤다(다른 지역은 전혀 그렇지 않았다). 처음엔 관광객이 하도 많은 도시여서 그런가 보다 싶었지만, 나하 시내에 자리한 드러그스토어에서 황당한 일까지 겪은 후엔 정나미가 뚝 떨어졌다. 혹시 이 책을 읽고 오키나와를 여행한다면 '다이코쿠 도락구 구모지 잇초메 점포ダイコクドラッグ 久茂地1丁目店'는 가지 마시기를 권하고 싶다. 20년 넘게 일본을 오가면서 그처럼 노골적인 혐한을 겪은 건 처음이었다. 심지어 그곳은 "싸다"며 호객하던 것과 달리 물건 값이 편의점보다도 비쌌다.

국제거리

주소: (〒900-0013) 沖縄県 那覇市 牧志 3丁目 2-10
맵코드: 33 157 312*03
주차장: 인근 사설 주차장 이용(유이레일 겐초마에県庁前역, 마키시牧志역)

오키나와를 (비롯한 일본을) 떠나기 전에 반드시 할 일이 있다. 오미야게 과자 구입이다. 오미야게 과자는 '지역 명물 과자'쯤으로 번역할 수 있는데, 그 지역의 산물로 만들어지는 경우가 많다. 일본에서는 여행이나 출장을 다녀올 때, 혹은 다른 지역에 사는 친구나 친척을 방문할 때 이 오미야게 과자를 선물하곤 한다. 기차역 매점이나 공항 면세점에 온갖 과자가 산더미처럼 쌓여 있는 이유가 여기에 있다. 일본을 방문해본 사람이라면 알겠지만, 오미야게 과자는 주변 사람들에게 선물하기 좋다. 아주 싸지도 비싸지도 않은 가격에 포장지가 멋스럽고 과자가 개별 포장된 경우가 많아 깔끔한데, 무엇보다 맛있기도 하다.

일본의 대표적 관광지인 오키나와에도 물론 수많은 오미야게 과자가 있다. 그중에서도 가장 유명한 것은 오키나와 특산물인 자색고구마(베니이모紅芋)로 만든 베니이모 타르트紅芋タルト다. 독특하게도 배 모양의 타르트지 위에 선명한 보랏빛 페이스트가 올려져 있다. 보존료나 착색료를 쓰지 않고 자색고구마 본연의 향과 색을 살린 점이 특징이다. 설탕이 들어가기는 하지만 고구마 특유의 구수하면서도 달큼한 풍미가 진하다. 버터를 듬뿍 넣어 구운 타르트지는 바삭하기보다는 촉촉하고 보들보들한 식감인데, 이런 맛과 식감을 들척지근하게 여겨 싫어하는 사람도 있다. 베니이모 타르트 제조사인 '오카시고텐'은 오키나와 본섬 곳곳에 매장이 있고, 매장에서는 늘 시식용 과자를 내놓고 있으니 입맛에 맞는지 확인한 후 구입하는 편이 좋겠다. 더욱이 인기가 높은 과자인 만큼 수많은 유사품이 돌아다니고 있기 때문에(원조와 맛이 확연히 다르다고 한다) 공식 매장에서 사는 편이 여러모로 마음 편할 것이다. 우리는 만자모에서 가까운 오카시고텐 온나점恩納店[1]에서 샀다. 온나

---

1) 주소: (〒904-0404) 沖縄県国頭郡恩納村瀬良垣100, 영업시간: 8:30~19:30 (8~9월: 8:30~20:00), 연중무휴, 주차장 있음

국제거리의 오카시고텐에서 맛본 베니이모 쇼콜라 롤케이크. 한 조각에 280엔밖에 안 했다.

점 정문과 본관은 슈리성을 모델로 만들어져 사뭇 인상적이다. 매장이 넓고 과자 종류가 다양하며, 베니이모 타르트 만드는 공정을 견학할 수도 있고 체험해볼 수 있다. 매장 뒤편에 해변이 붙어 있는데, 한쪽에 카페와 레스토랑도 있다. 시원하게 뚫린 통유리창으로 바다를 내려다보며 차와 과자, 혹은 식사를 즐길 수 있다. 시식 인심이 후해서 시식대에 놓인 과자를 집어먹으며 시간을 보냈더니 타르트며 친스코며 안 살 도리가 없었다(결코 오카시고텐 광고가 아니다).

어쨌든 이곳에서 산 베니이모 타르트는 전부 우리 배 속으로 들어갔다. 베니이모 타르트가 한국인들에게는 호불호가 갈리는 것 같아 선물용으로는 친스코를 골랐다. 견과류가 들어가서인지 고소한 맛이 진했다. 특히 고레구스 양념(아와모리에 고추를 넣어 만든 양념)과 깨를 넣어 만든 친스코는 매콤한 맛이 별미라 많이 샀다(포장지에 빨간 고추가 그려져 있다). 참고로, 친스코는 돼지기름을 녹여 굳힌 라드를 넣어 만들기 때문에 많이 먹으면 다이어트에 치명적일 수 있다. 경험담이다.

시마토가라시 에비센베이島とうがらし えびせんべい도 추천하고 싶은 오미야게 과자다. 앞서 설명했듯이 오키나와에서 생산되는 고추인 시마토가라시는 고레구스 양념에 들어가는 고추다. 에비えび는 새우를 뜻하는데, 과자에 새우 분말이 ('찔끔'이기는 하지만) 들어

간다. 포장지에도 빨간 고추와 새우 이미지를 넣어 눈길을 사로잡는다. 현지에서는 꽤 유명한 과자인지 나하 공항의 면세점, 국제거리의 기념품점은 물론 마트에서도 볼 수 있었다. 조미료를 듬뿍 넣은 듯 매콤하고 짭짤해서 그냥 먹기에는 너무 자극적인데, 맥주 안주로는 딱 좋다. 귀국 직전 공항 면세점에서 아내와 애주가 지인들을 위해 몇 상자 사 왔다.

그러고 보니 여행하면서 그 흔한 시사 인형 하나 사 오지 않았다. 기념품이라고 산 게 오미야게 과자가 다였다. 귀국 후에 정산해 본 결과, 과자 구입에만 총 경비의 10% 정도를 썼다. 어지간해서는 지갑을 열지 않으려고 바싹 경계하며 다녔음에도, 오키나와 오미야게 과자의 향긋한 유혹에는 무너지고야 말았다.

에필로그
エピローグ

오키나와에는 '우치나 타임ウチナータイム'이라는 단어가 있습니다. 오키나와 토착어로 '오키나와'를 일컫는 우치나ウチナー에 시간time 을 합친 것으로, 현지인들의 희박한 시간관념을 가리키는 말인데 요. 그 정도가 얼마나 심했던지, 미군정 시절이었던 1964년 제정 된 나하시민헌장那覇市民憲章에 '시간을 지킵시다時間を守りましょう'라 는 문구가 들어갈 정도였습니다. 오키나와에서는 1~2시간 늦는 게 별로 대수롭지 않은 일이라네요. 지각한 사람이나 기다린 사람 모두 으레 그렇다는 듯 화를 내기는커녕 가벼운 사과조차 주고받는 경우가 드물다고 합니다.

'데게テーゲー'라는 단어도 같은 맥락의 오키나와 말입니다. 한자 大概(일본어 발음 다이가이)의 오키나와식 발음에서 비롯된 것으로, '적당히'나 '대충'을 뜻합니다. 그런데 이 '데게'는 '무언가를 할 때 대충 하는 자세나 태도', '순리대로 적당히 살아가는 방식'이라는 뜻도 있습니다. 또한 규칙을 잘 지키지 않거나 매사에 무책임하게 임하는 태도 등 부정적으로도 풀이됩니다. 그래서인지 '우치나 타임'이나 '데게'는 일본 본토 사람들이 오키나와 주민의 느긋한 성격과 생활상을 비꼴 때 곧잘 언급되곤 했습니다.

그런데 최근 들어 '우치나 타임'과 '데게'로 대변되는 오키나와 라이프 스타일을 바라보는 시각이 크게 달라졌다는데요. 2000년대 초반부터 일본에서 본격화된 '슬로 라이프Slow Life(느리게 사는 삶)' 운동이 이러한 변화를 이끌었습니다. 슬로 라이프를 제창한 문화인류학자 쓰지 신이치辻信一는, 현대인이 자연의 시간을 무시하고 인위적으로 만들어낸 경제의 시간에 모든 것을 끼워 맞춤에 따라 자살이나 테러의 급증 등 각종 사회문제가 심화된다고 보았습니다. 인간은 자연의 일부이기에 자연의 시간을 되찾아야 한다면서 무한경쟁, 속도전, 대량 생산 및 소비, 패스트 이코노미로 점철된 삶의 방식을 공생, 느림, 친환경에 기초한 지속 가능한 발전, 슬로 이코노미로 돌려놓을 것을 주장하기도 했습니다. 아울러 자연과 공존하며 느림의 삶을 실천하는 나무늘보에게서 교훈을 얻어야 한다고 강조했습니다.

제국주의에 매달렸던 일본은 패전 이후 경제성장에 사활을 걸었습니다. 목표를 설정해 앞과 위만 보면서 내달려온 것이죠. 뒤도 돌아보고 아래도 살피며 슬로 라이프를 생각할 여유가 생긴 건, 아이러니하게도 고도성장기가 끝나 거품이 꺼지고 장기불황이 심화된 이후였습니다. '평생직장'이라 믿으며 몸과 마음을 바쳐 충성을 다했건만 경영난에 시달리게 된 기업은 효율성을 따지며 직원들을 내쳤습니다. 양극화와 부조리가 만연한 가운데 조직을 향한 신뢰를 잃은 개인들은 방황했고, 이들에게 종교 교리처럼 굳건했던 근면과 성실의 가치관도 흔들리기 시작합니다.

그뿐인가요? 양적 팽창에 대한 집착은 과도한 경쟁사회를 낳았고, 그로 인한 스트레스는 인간성의 상실을 야기했습니다. 옴진리교의 지하철 사린 테러, 갈수록 심해지는 학교 이지메いじめ(왕따), 파와하라パワハラ(갑질)로 인한 직장인들의 정신질환 및 자살 급증, 끊이지 않는 아동학대…… 곳곳에서 이런 부작용이 드러나자 지금까지 '올바르다'고 믿으며 지켜왔던 삶의 방식과 인생관에 대해 진지하게 고민하는 일본인들이 늘었습니다. 뭐, 다른 나라 얘기 같지만은 않죠?

아무튼 이런 과정에서 '슬로 라이프'의 샘플로서 오키나와의

'우치나 타임'과 '데게'가 재조명된 것입니다. 매사에 조바심이나 화를 내지 않는 마음의 여유, 흘러가는 대로 주변을 관망하는 자세, 대자연과 더불어 느릿느릿 살아가는 방식. 이는 식습관과 함께 오키나와인들의 장수 비결로 꼽히기도 했습니다. 참고로 과거 류큐 왕실의 관리들은 오전 9시~10시에 출근해 오후 2~3시면 퇴근했다고 합니다. 연장근무를 하려면 왕에게 허가를 받아야 했습니다. '오후 6시 칼퇴'도 눈치 보이는 요즘 직장인들에게는 상상하기 힘든 시스템이죠. 더구나 왕실 기록에 남은 연장근무 허가는 450여 년의 류큐 역사에서 딱 한 번뿐이었습니다. 노동에 얽매이지 않고 유유자적하며 인생을 즐긴 것입니다. 짧은 여행이기는 했어도 오키나와에 가보니, 그들에게 이러한 '슬로 라이프'가 왜 필요했는지 어느 정도 공감할 수 있었습니다.

저는 느긋한 성격과는 거리가 먼 사람입니다. 여행을 가게 되면, 더 많은 곳을 둘러보고 더 많은 것을 경험하기 위해 빡빡한 계획을 세우곤 했습니다. 이동과 체류 시간을 분 단위로 쪼개어 정해서 다녔죠. 해 뜰 때 나가서 해 질 때까지 돌아다녀야 직성이 풀리는데, 한번은 휴대전화에 찍힌 걸음 수를 확인하니 하루 동안 무려 12만 보를 넘긴 적도 있었습니다. 여행지 선택에서는 늘 휴양이 아닌 관광에 초점을 뒀습니다. 여행을 가서 빈둥빈둥 쉬는 건 시간 낭비이자 돈 낭비라고 생각했기 때문입니다. 휴양지로 유명한 오키나와에 가면서도 '노포 체험'이라는 주제를 정해 빡빡하게 일정을 짰습니다. 그런데 오키나와에 도착한 지 사흘째 되던 날 아침, 계획이 전부 틀어졌습니다.

그날 저희 부부는 바닷가의 한 호텔에서 머물고 있었는데요(숙소를 이리저리 옮겨 다녔습니다). 잠에서 일찍 깬 커튼을 열자, 동틀녘의 하늘빛이 어린 영롱한 바다가 눈앞에 펼쳐졌습니다. 방이 7층에 위치해 아주 먼 바다까지 내려다보이니 감동이 더욱 컸습니다. 시간이 지나 해가 높아질수록 하늘은 새파래지고 바다는 점차 청아한 에메랄드빛으로 변하더군요. 테라스에 아내와 나란히 앉아 넋을 놓고 그 환상적인 광경을 지켜봤습니다. 파도가 밀려와 백사장에 부딪히며 내는 잔잔한 파열음은 꼭 세이렌의 노래처럼 귀를 홀렸습니다. 결국 점심시간이 다 되어서야 겨우 정신을 차리고 외출 준비를 시작했는데, 다음 날에도 또 그다음 날에도 이런 일이 반복됐습니다. 밖에서 돌아다닐 때에도 바다가 보이면 잠시 차를 세우고 감상에 빠지는 일이 잦았습니다. 결국 일정대로 다니는 걸 포기할 수밖에 없었죠. 애초에 가보려고 마음먹었던 여러 노포, 이를테면 나하시의 레스토랑 피츠버그 포럼, 나고시의 미야자토 소바와 아사히 레스토랑, 모토부정의 얀바루 소바, 오기미大宜味촌의 마에다 식당 등은 다음을 기약해야 했습니다. 시간 강박증이 심한 저 자신에게 '우치나 타임'을 작동시킨 겁니다. 오키나와 풍경은 그만큼 아름다웠습니다. 아무리 일상이라 한들, 아침마다 그림 같은 풍경을 마주하며 살아가는 사람들에게 느긋함이 깃든 건 당연한 일이지 않았을까요? 게다가 오키나와는 연중 대부분 무더운 날씨에 자외선까지 심하게 내리쬐는 곳입니다. 가뜩이나 땀나고 따갑고 체력 소모가 심한 곳에서 조급한 성격은 독약이었겠죠.

제게 오키나와는 휴양의 달콤함을 처음 깨닫게 해준, 그리고 느리게 사는 삶의 이점을 배울 수 있었던 여행지였습니다. 오키나와로 여행을 떠난다면 단 며칠이라도 '데게'와 '슬로 라이프'의 매력에 푹 빠져 여유만만하게 '우치나 타임'을 즐기시기를 권합니다. 꾸미지 않아 더욱 정감이 가는 노포에서 맛난 음식들도 맛보면서 말이죠. 책에서 소개한 음식과 가게 이야기들이 그 맛을 돋우는 데 도움이 됐으면 합니다. 아, 음식이 혹여 입맛에 맞지 않더라도 저를 책망하는 대신 너그러이 '세라비 C'est la vie(사는 게 다 그렇지)'를 되뇌어주시면 어떨까 합니다. 그게 오키나와 스타일이니까요.

《프라하의 도쿄 바나나》에 이어 이번에도 따비의 박성경 대표, 신수진 편집장, 차소영 편집자와 김종민 디자이너 덕분에 책을 완성하고 출간할 수 있었습니다. 좋은 분들과 인연을 맺고 함께 작업하는 건 반갑고 즐거운 경험입니다. 감사합니다. 결혼 10주년 기념 오키나와 여행의 짝이 되어준 아내에게도 고맙습니다. 서로 다른 환경에서 살아온 두 인격체의 남녀가 한 가족을 이루고, 별

써 11년째 희로애락의 순간을 공유하며 옆자리를 지켜왔습니다. 기적 같은 일입니다. 아울러 늘 저의 편에 서서 응원해주신 어머니를 비롯한 많은 은인께도 이 공간을 빌려 감사를 전합니다.

2019년 4월

남원상

©OCVB

레트로 오키나와

오래된 식당에서 역사와 음식을 맛보다

초판 1쇄 발행 | 2019년 5월 1일

지은이   남원상

펴낸곳   도서출판 따비
펴낸이   박성경
편집   신수진, 차소영
디자인   김종민

출판등록   2009년 5월 4일 제2010-000256호
주소   서울시 마포구 월드컵로28길 6(성산동, 3층)
전화   02-326-3897
팩스   02-337-3897
메일   tabibooks@hotmail.com
인쇄·제본   영신사

ISBN 978-89-98439-66-8 03910

값 14,000원

이 도서의 국립중앙도서관 출판예정도서목록(CIP)은 서지정보유통지원시스템 홈페이지
(http://seoji.nl.go.kr)와 국가자료종합목록시스템(http://www.nl.go.kr/kolisnet)에서 이용
하실 수 있습니다. (CIP제어번호 : CIP2019015156)